なぜ、優秀な人ほど成長が止まるのか

何歳からでも人生を拓く7つの技法

田坂広志

ダイヤモンド社

なぜ、優秀な人ほど成長が止まるのか

はじめに

「7年遅れのランナー」の成長戦略

営業に配属された入社1年目、30歳「博士」の絶望

1981年の春、私は、大学院での7年間の研究生活を終え、30歳で実社会に出ました。

しかし、「実社会に出る」と言えば聞こえは良いですが、大学院の博士課程まで進む人間の大半は、大学や研究機関で研究者の道を歩むことを希望しています。いまでも、博士号取得者の就職難は深刻な問題ですが、当時の私も、大学や研究機関のポストを探しても、

それが見つからなかったのです。私には、大学や研究機関に就職する道が無く、民間企業に就職するという選択しかなかったのです。

それでも、就職した民間企業では、中央研究所に配属になることを希望していました。研究職の肩書で、何らかの研究が続けられるからです。

しかし、配属されたのは、研究所ではなく、法人を相手とした企画営業の部署でした。

そして、その部署で**働き始めて痛感したのは、大学と大学院で学んだ専門知識は、営業や企画の実務を進めていくうえで、全く役に立たない**ということでした。

なぜなら、その部署で求められたのは、企画プロフェッショナル、そして、営業プロフェッショナルとしての高度なスキルやセンスだったからです。

配属された職場で周りを見渡すと、上司や先輩はもとより、自分と同年代の同僚も、優れた能力を発揮して、活躍しています。当然のことながら、同年代の同僚は、誰もが、自分より7年も長く、現場で仕事をして、豊かな実務経験を身につけています。

それに対して、**私は、全く「ゼロからの出発」であり、「7年遅れのランナー」でした。**

職場では、周りの上司や先輩、同僚が、プロフェッショナルとして仕事を円滑に進めているにもかかわらず、誰かが親切に、その仕事のやり方を教えてくれるわけでもなく、誰かに頼めば、プロフェッショナルの技術を教えてくれるわけでもない。

そうした状況に置かれ、私は途方に暮れました。

「7年遅れのランナー」だからこそ持てた、仕事を「科学」する視点

内心、「こんな職場で、自分は、やっていけるのだろうか」という不安と焦りを抱え、それでも、何かの打開策があればと思い、書店に行きました。

書店の棚には、『企画力』や『営業力』と名のついた本が数多くありましたが、それらを手に取って、ぱらぱらと眺めてみても、それを読んだだけで、すぐに仕事の技術が身につくとは思えませんでした。

やはり、そうした仕事の技術は、何年もの時間をかけ、実務経験を通じて身につけてい

くしかないのか。そうであるならば、自分が「7年遅れのランナー」としてこの職場に来たのは大きなハンディだと思い、内心、絶望に近いものを感じていました。

しかし、そのとき、書店の棚にある、一冊の本の帯が目に留まりました。

その帯には、「**仕事を研究する**」という言葉が書かれていました。

その文字を見た瞬間に、何かの希望の光を感じ、こう思いました。

「そうだ、自分は、研究者の道を歩もうと思って、7年の歳月を費やし、人よりも遠回りをしたが、その7年、決して遊んでいたわけではない。物事を研究するという能力は、人並み以上に身につけてきたはずだ。だったら、その能力を使って、仕事を研究しよう。**どうすれば、プロフェッショナルとしての高度な能力を身につけることができるか、職業人として成長できるか。日々の仕事を通じて、その技術や心得を研究しよう**」

そう思った瞬間に、心の中に光が射してきました。

そして、その日から、日々の仕事を振り返り、どうすれば高度な仕事の能力を身につけることができるか、どうすればプロフェッショナルとして成長できるかを、深く考え、毎日、日記につけ、研究し、実践してきました。それは、「7年遅れのランナー」が、実社会で生きていくための精一杯の努力でした。

仕事を「研究」することで拓けた、プロフェッショナルへの道

しかし、有り難いことに、その「**研究マインド**」**で身につけた様々な技術や心得**が、これからの私の人生を大きく拓いてくれました。

そのお陰で、何年もかけることなく、同僚との7年の遅れを取り戻しただけでなく、企画営業の世界でプロフェッショナルとして実績を挙げることができました。そして、その技術や心得が、後に、大手シンクタンクの設立に参画し、経営に携わるという形で、また、様々な大企業の社外取締役や顧問として経営参謀を務めるという形で、私のキャリアを広

げてくれました。

さらに、その技術や心得は、世界のトップリーダーが集まる「ダボス会議」や「TED会議」「世界賢人会議・ブダペストクラブ」のメンバーを務めることや、数十冊の著書を執筆し、世界中で講演をする機会を得ることなど、様々な形で、私の人生の可能性を拓いてくれました。

そこで、本書においては、この「研究マインド」で日々の仕事を振り返り、深く考え、研究し、実践するという私の経験を紹介しながら、仕事の高度な能力を身につけ、プロフェッショナルとして成長していくための技法について、語ってみたいと思います。

羨ましいほどに優秀な先輩たちの突き当たった「壁」

では、なぜ、本書で、この「なぜ、優秀な人ほど成長が止まるのか」というテーマを取り上げるのか。

冒頭に述べたように、1981年に実社会に出てから、私は、7年間の遅れを取り戻すために、自分の唯一の取り柄である「研究マインド」を生かし、「**プロフェッショナルへの成長の技法**」とでも呼ぶべきものを研究し、拙い歩みながら、実践してきました。

それは、ある意味で、遥かに先を行く先輩や同僚たちに追いつくためでもありました。

しかし、当時の自分から見ると、羨ましいほどに優れたものを持っていた先輩や同僚が、何年もの歳月を歩むうちに、なぜか、成長の壁に突き当たってしまうのです。また、上司でも、優れた実績を挙げてきた人が、どこかで、成長が止まってしまうのです。そうした姿を目の当たりにしてきました。

さらに、後に、私自身がマネジャーになり、経営者になって、部下や社員を預かるようになると、やはり、優れた資質を持っているにもかかわらず、成長が止まってしまう人材を、数多く見てきました。

そうした上司や先輩、同僚や部下、社員の姿を、永年見ていて、気がついたことは、

優秀な人ほど、成長が止まってしまう

という「逆説」でした。

では、なぜ、優秀な人ほど、成長が止まってしまうのか。
なぜ、そうした「逆説」が起こるのか。
そして、成長が止まっていることに気がついたならば、
どうすれば、さらなる成長に向かっていけるのか。

これから、本書では、そのことを語っていきたいと思います。

この本を手に取って頂いたあなたが、本書で紹介する「**成長の7つの技法**」を身につけ、これからの人生を拓いていかれることを、心より願っています。

なぜ、優秀な人ほど成長が止まるのか

目次

はじめに

序話

なぜ、優秀な人ほど、成長が止まってしまうのか

成長を止める「7つの壁」

第1話

学歴の壁

「優秀さ」の切り替えができない

棚卸しの技法

「経験」から摑んだ「智恵」の棚卸しをする

第3話

感情の壁
感情に支配され、他人の心が分からない

心理推察の技法
会議では、参加者の「心の動き」を深く読む

第4話

我流の壁

「我流」に陥り、優れた人物から学べない

私淑の技法

「師」を見つけ、同じ部屋の空気を吸う

第5話

人格の壁

つねに「真面目」に仕事をしてしまう

多重人格の技法

自分の中に「様々な自分」を育て、使い分ける

第6話

エゴの壁

自分の「エゴ」が見えていない

自己観察の技法

「自分を見つめるもう一人の自分」を育てる

第7話

他責の壁

失敗の原因を「外」に求めてしまう

引き受けの技法

起こったトラブルの「意味」を、深く考える

終話

あなたの成長には、まだ「その先」がある

人生を拓く「7つの技法」

序話

なぜ、優秀な人ほど、成長が止まってしまうのか

成長を止める「7つの壁」

「優秀」と言われる人ほど陥る「3つの落し穴」

明治の歌人、石川啄木が、歌集『一握の砂』で詠んだ歌に、

「友がみな　われよりえらく見ゆる日よ……」

という言葉があります。

「7年遅れのランナー」として、実社会に出た私もまた、この心境を味わいました。

職場で周りを見渡すと、上司や先輩はもとより、同年代の同僚たちも、皆、羨ましいほどに優れたものを持っていました。

当時の私にできることは、その遅れを取り戻すために、愚直に、仕事を研究し、自分のプロフェッショナルとしての成長に結びつけていくことだけでした。

しかし、そうした努力を続け、何年もの歳月を歩むうちに、予想もしなかったことですが、先を歩む人々の残念な姿を見ました。

それは、せっかく優れたものを持っているにもかかわらず、なぜか、成長が止まってしまう、上司や先輩、同僚の姿でした。

そして、後に、マネジメントと経営の世界を歩み、深く感じたことは、

優秀な人ほど、成長が止まってしまう

という「逆説」でした。

では、なぜ、優秀な人ほど、成長が止まってしまうのか。
なぜ、そうした「逆説」が起こるのか。

その理由は、優秀な人ほど、次の「**3つの落し穴**」に陥ってしまうからです。

第1は、「学歴」という落し穴。
第2は、「実績」という落し穴。
第3は、「立場」という落し穴。

では、これは、どのような落し穴か。

なぜ、「勉強ができる人」が「仕事ができない人」になってしまうのか

まず、**第1の「学歴」という落し穴**とは何でしょうか。

それは、**「学歴的な優秀さ」と「職業的な優秀さ」の違いを理解できない**という落し穴です。

実は、偏差値の高い有名大学を卒業した人で、この落し穴に陥ってしまう人は、残念ながら、決して少なくありません。

もとより、偏差値の高い有名大学を卒業し、「高学歴」と評価される人は、「**勉強ができる**」という意味においては、極めて優秀なのですが、実社会においては、「勉強ができる」という意味での優秀さと、「**仕事ができる**」という意味での優秀さは、全く違うものです。

すなわち、**「学歴的優秀さ」と「職業的優秀さ」は、全く違うもの**です。

これは、永く実社会を歩んだ人間にとっては、ある意味で「常識」でもあるのですが、残念ながら、学生時代に「勉強ができる」という評価を得た人は、実社会に出ても、この「学歴的優秀さ」と「職業的優秀さ」とは全く違う優秀さであることに気がつかず、もしくは、気がつこうとせず、「学歴的優秀さ」に依存してしまい、実社会が求める「職業的優秀さ」を身につけ、「仕事ができる」ようになるための能力開発を怠ってしまうのです。

では、そもそも、**「学歴的優秀さ」**＝**「勉強ができる」**ということは、何を意味しているのでしょうか。

それは、現在の偏差値重視の教育制度においては、端的に言えば、**「論理的思考力」**と**「知識の修得力」**という2つの能力が優れていることを意味しています。

「論理的思考力」が優れていれば、大学の入学試験において、物理や数学などの科目で好成績が収められ、また、「知識の修得力」が優れていれば、英語や歴史、化学や生物などの科目で好成績を収められるため、その人材は、当然のことながら、「高学歴」を手にすることができます。

これに対して、「**職業的優秀さ**」＝「**仕事ができる**」ということは、この「論理的思考力」と「知識の修得力」よりも、さらに高度な、「**直観的判断力**」**と**「**智恵の修得力**」において優れていることを意味しています。

なぜなら、**仕事の世界においては、「論理的」に考えて答えが出る問題よりも、感覚や勘といった形で、「直観的」に判断しなければならない問題が多い**からです。

例えば、商品開発において、どのような商品がヒットするかという問題は、論理的思考力だけでは答えが出ません。また、顧客営業において、お客様の表情から、その気持ちが分かるかということも、論理的思考力ではなく、直観的判断力が求められる問題です。

そして、企業や組織では、上の立場になるほど、人事判断や戦略判断という、より高度な形で、この直観的判断力が求められます。

いずれにしても、「学歴」の落し穴に陥る人は、「学歴的能力」においては、極めて優秀なのですが、その「優秀さ」に過大な自信を持ち、「学歴的能力」に安住し、実社会で求められる「職業的能力」を意識的に身につけていこうと努力をしないため、成長が止まってしまうのです。

もし、あなたが、偏差値の高い有名大学を出て、学歴的には優秀であるとの自負がありながら、そして、論理思考と専門知識においては誰にも負けないとの自信がありながら、内心、「自分は、周囲の期待ほどには活躍できていない」と感じているならば、本書で語る「**棚卸しの技法**」を始めとする「成長の技法」は、その壁を打ち破る大きな力になるでしょう。

穴に落ちるのは「学歴エリート」だけではない

しかし、実は、この「学歴」の落し穴に陥る人は、「高学歴」の人だけではありません。

高い学歴を持たない人でも、この落し穴に陥ることが、しばしば、あります。

例えば、「自分が職場で評価されないのは、学歴が高くないからだ」と考え、懸命に専門知識の勉強をして、「学歴」の代わりになる、様々な「資格」を取ろうとする人です。

もとより、専門知識を身につけること、専門資格を取ることそのものは、それなりに意味のあることなのですが、この人が、その職場や職業で「活躍する人材」になりたいと思うならば、むしろ、そうした「学歴的能力」を高める努力以上に、「職業的能力」を高める努力をすることこそが、正しいキャリア戦略なのです。

従って、もし、あなたが、高い学歴を持たない人であっても、この「学歴的能力」と「職業的能力」の違いを理解し、本書で語る「**反省の技法**」を始めとする「成長の技法」を実践し、「職業的能力」を磨く努力を続けられるならば、「学歴的ハンディ」を超え、その職場において「活躍する人材」になっていくことができるでしょう。

山の「中腹」を「頂上」だと勘違いしてしまう人

では、**第2の「実績」という落し穴**とは何か。

それは、プロフェッショナルとしての成長を「山登り」に譬《たと》えるならば、**山の「中腹」を「頂上」であると勘違いしてしまう**という落し穴です。

言葉を換えれば、仕事の世界において、いわゆる「井の中の蛙」や「お山の大将」になってしまう人です。

そして、これもまた、優秀な人ほど陥りがちな落し穴です。

なぜなら、ある程度の優秀さを持っている人ならば、どのような職場でも、どのような職業でも、１０年も、真面目に一つの仕事に取り組んでいると、自然に仕事を覚え、「実績」を残し、周りからも頼りにされるようになり、「自分は、それなりに仕事はできる」と思うようになるからです。

そして、ここに落し穴があります。

なぜなら、我々が、よほど謙虚な心の姿勢を身につけていないかぎり、優秀な人であれば、あるほど、その「自分は、それなりに実績を残してきた」「自分は、それなりに仕事はできる」という心境は、**心の奥深くに「無意識の慢心」を生んでいく**からです。

そして、まさに、この「無意識の慢心」が、我々の成長を止めてしまうのです。

プロフェッショナルの世界には、昔から、怖い言葉があります。

「下段者、上段者の力が分からない」

その言葉です。

これは、プロフェッショナルの世界では、自分よりも優れたプロフェッショナルについては、そのプロが、どのような世界で、どのような技を発揮し、どのような力を発揮しているのかが分からない、という意味の格言です。

すなわち、仕事の世界には、必ず、「もっと高い能力が求められる仕事」「もっと広い視野が求められる仕事」「もっと深い視点が求められる仕事」があるのですが、そのことに気がつかないため、これまでの「実績」に満足し、「現在の自分」に安住してしまい、成長が止まってしまうのです。

言葉を換えれば、いわゆる、「**小成に安んじてしまう**」のです。

このように、「実績」という落し穴もまた、優秀な人ほど陥りやすいと言えます。

従って、もし、あなたが、何年かの努力を経て、現在の仕事に熟達し、周囲からもそれなりの評価を受けながら、心の奥深くで、「自分の可能性は、これがすべてなのだろうか」「自分は、もっと飛躍していけるのではないか」と感じているならば、本書で語る「**私淑の技法**」を始めとする「成長の技法」を実践されることを勧めます。

自分の中に眠る「大きな可能性」に気がつき、それを開花させることができるでしょう。

逆に、もし、あなたが、現在の仕事に熟達できず、周囲からの評価が低いと感じているならば、本書で述べる「**心理推察の技法**」を始めとする「成長の技法」を実践することによって、必ず、仕事に熟達するための様々な「職業的能力」を身につけることができるでしょう。

いつまでも過去の「肩書」にしがみつく人

では、**第3の「立場」という落し穴**とは何か。

ここで述べる「立場」とは、「役職」や「肩書」、「地位」や「身分」など「社会的な立場」のことです。

すなわち、それは、

過去の自分の「立場」に縛られ、新たな「立場」に合わせて自分を変えられない

という落し穴です。

その象徴的な例が、一つの企業や組織に永年勤め、それなりの実績も挙げ、周囲からの評価も得てきたにもかかわらず、定年を迎えてしまった瞬間に「終わってしまう」人です。

実際、それまでの企業や組織では、「優秀なマネジャー」「優秀なリーダー」との評価を得ながら、定年を迎えて、その企業や組織を離れ、新たな職場で働き始めたとき、その新たな立場で、それまでのように活躍することができなくなるという人は、決して少なくありません。

こうした例として、しばしば挙げられるのが、大企業を退職して、新たにＮＰＯなどで働き始めた人です。こうした人の中には、ＮＰＯに移っても、自分が「管理職」であった時代の習慣が抜けきらず、自分より年下のメンバーに対して、部下のように「指図」をしてしまう人がいます。実は、これは、昔の習慣が抜けないというよりも、新たな立場に合わせて自分の意識を変えられないという問題に直面しているのです。

また、こうした「雇用定年」でなくとも、その企業や組織で「管理職」の立場を離れる「役職定年」になった瞬間に「終わってしまう」人もいます。

それまで、「管理職」という立場にあり、部下を持っていたときには活躍できたにもかかわらず、その立場が変わった瞬間に、新たな自分の立場に適応できないという人です。

さらには、こうした「雇用定年」や「役職定年」だけでなく、その企業や組織で働く部署や部門が変わる「転属」や「転勤」になったとき、その新たな立場に適応できず、それまでの職場のように活躍できなくなるという人も、決して少なくありません。

「高く評価された経験」がある人ほど「脱皮」が難しくなる

では、どうして、「立場」が変わると、それまで優秀であった人が、その優秀さを発揮できなくなるのか。

実は、そうした状況が生まれてしまうのは、多くの場合、「**職業的能力**」の**問題以上に**、「**対人的能力**」**の問題が大きな原因**となっています。

すなわち、「新たな職場」や「新たな仕事」においては、職場の上司や部下、同僚と、それまでの職場や仕事とは全く違った心構えや心の姿勢で接することが求められるにもかかわらず、それを身につける必要性に気がつかないか、気づいても、それをどう身につければよいか分からないのです。

言葉を換えれば、その「新たな職場」や「新たな仕事」において、**それまでの自分とは違う「新たな自分」へと脱皮しなければならないにもかかわらず、それができない**のです。

特に、それまでの職場や仕事において「優秀」という評価を得てきた人ほど、その「成功体験」と「成功感覚」が邪魔になって、「新たな自分」への脱皮ができないのです。

その「新たな自分」が、どのような自分であり、その「新たな自分」へと、どう脱皮していけば良いのかが分からないのです。

従って、もし、あなたが、転属や転勤、役職定年などによって、新たな職場で働くことになり、それまでとは違う「立場」に置かれ、自分を、どう変えればよいか戸惑っているならば、本書で述べる「**多重人格の技法**」を始めとする「成長の技法」を実践してみてください。

また、もし、あなたが、「雇用定年」を迎え、第二の人生に向かって「新たな自分」へと脱皮する必要性を感じているならば、やはり、本書で述べる「**自己観察の技法**」を始めとする「成長の技法」を実践してみてください。

必ず、自分の何を変えなければならないか、自分をどう変えていけばよいのかが、見えてくるでしょう。

成長し続ける人は「7つの壁」を越える技法を知っている

さて、ここまで、優秀なのに成長が止まってしまう人、優秀であるがゆえに成長が止まってしまう人が、しばしば陥る、「**3つの落し穴**」について述べてきました。

では、どうすれば、この落し穴に陥らず、成長していくことができるのでしょうか。

そのためには、成長を止めてしまう「**壁**」に気がつく必要があります。

実は、先ほどの「3つの落し穴」に陥る人は、いずれも、言葉を換えれば、「**成長の壁**」に突き当たっているのです。

その「成長の壁」とは、次の「**7つの壁**」です。

【第1の壁】　学歴の壁　「優秀さ」の切り替えができない

【第2の壁】　経験の壁　失敗を糧として「智恵」を摑めない

【第3の壁】　感情の壁　　**感情に支配され、他人の心が分からない**

【第4の壁】　我流の壁　　**「我流」に陥り、優れた人物から学べない**

【第5の壁】　人格の壁　　**つねに「真面目」に仕事をしてしまう**

【第6の壁】　エゴの壁　　**自分の「エゴ」が見えていない**

【第7の壁】　他責の壁　　**失敗の原因を「外」に求めてしまう**

そこで、次の第1話から第7話においては、これら「7つの壁」とは何かについて述べ、それを乗り越える「7つの技法」について、それぞれ、述べていきましょう。

この「7つの技法」とは、「はじめに」で述べた「成長の技法」のことですが、この「成長の技法」を知っているか、知らないかで、プロフェッショナルとしての成長に、さらには、人間としての成長に、圧倒的な差がついてしまいます。

そして、もし、その「成長の技法」を知らなければ、ある時期に、多少の成長をすることができても、いつか、その成長が壁に突き当たってしまいます。

従って、もし、あなたが、仕事の世界で、成長し続けていきたい、そして、活躍し続けていきたいと願うならば、この「成長の技法」を身につけることを勧めます。

では、早速、本題に入っていきましょう。

第1話

学歴の壁

「優秀さ」の切り替えができない

棚卸しの技法

「経験」から摑んだ「智恵」の棚卸しをする

「あの人、頭は良いんだけど……」と揶揄されてしまう人

最初に、どの職場でも見かける「頭の良い」新人の突き当たる壁について、紹介しましょう。

有名大学を優秀な成績で卒業し、入社してきた佐藤さん。「期待の新人」という周囲の眼差しの中、毎日、一生懸命に仕事をしています。会議では、熱心に議論の内容をメモに取り、上司の指示もすぐにメモをして確認しています。また、勉強熱心で、通勤の往復時間には、必ず本を読んでいるようです。学生時代から読書家だったとのこと。さらに、ウェブでの情報収集にも余念が無い。さすが有名大学を卒業した、いわゆる「頭の良い」タイプの新人です。何より、真面目です。

しかし、どういうわけか、任された客先回りの営業の仕事については、上司の評価は芳しくありません。なかなか新規受注が取れないことも問題なのですが、うまくいかなかっ

た商談について、プライドが邪魔するのか、すぐに上司に報告しないのです。先輩にも相談しないようです。

一方、同じ職場に配属された鈴木さんは、佐藤さんほど有名な大学を出ていないのですが、営業成績は、かなり先を行っています。鈴木さんは、可愛げのある性格もあり、営業のスキルについても、上司や先輩に自分から頭を下げて教えてもらっています。失敗した商談についても、正直に上司へ報告し、むしろ、色々とアドバイスをもらう機会にしています。

この鈴木さんと佐藤さんを比較して、佐藤さんのことを、陰で「あれで○○大学を出ているんだけどね……」と揶揄する職場の先輩もいるようです。

あなたの職場にも、こうした新人がいるのではないでしょうか。

実は、この佐藤さんは、**優秀な人が突き当たる「成長の壁」**のうち、**「第1の壁」**に突き当たっているのです。

それは、

「優秀さ」の切り替えができない

という**「学歴の壁」**です。

これは、序話で述べた、「学歴」という落とし穴に陥る人が、突き当たっている壁でもあります。

すなわち、どれほど学生時代に「勉強ができる」と言われ、「高学歴」を手にしても、ひとたび実社会に出た瞬間に、その「学歴的優秀さ」だけでは、「仕事ができる」人材にはなれないのです。

実社会において活躍するためには、誰であろうとも、「職業的優秀さ」を身につけなければならないのですが、学生時代に「優秀」と言われた人ほど、この「学歴的優秀さ」から「職業的優秀さ」への切り替えができないのです。

佐藤さんが突き当たっているのは、その壁なのです。一方、鈴木さんは、「学歴的優秀さ」においては、佐藤さんに劣っていますが、だからこそ、一生懸命に、実社会で求められる「職業的優秀さ」を貪欲に身につけようとしています。そして、その姿勢の違いが、佐藤さんと鈴木さんの営業成績での違いとなって表れているのです。

なぜ、いくら本を読んでも、仕事につながらないのか

序話において、「学歴的優秀さ」とは「論理的思考力」と「知識の修得力」が優れていることであると述べましたが、分かりやすく言えば、「理路整然と物事を考えられる」ということと、「記憶力が良い」ということです。この2つの能力があれば、入学試験や資格試験などでは、好成績を挙げることができます。

これに対して、「職業的優秀さ」とは、この2つの能力よりも、さらに高度な「直観的判断力」と「智恵の修得力」において優れていることを意味しています。分かりやすく言えば、「勘が鋭い」ということと、「経験から大切なことを学べる」ということです。

いま、「経験から大切なことを学べる」と言いましたが、それが、「**知識の修得力**」と「**智恵の修得力**」との大きな違いです。では、この2つは、何が違うのでしょうか。

そもそも、「知識」と「智恵」とは、何が違うのでしょうか。

端的に言えば、**「知識」とは、言葉で表せるものであり、「書物」や「ウェブ」で学ぶことのできるもの**です。

これに対して、**「智恵」とは、言葉で表せないものであり、「経験」や「人間」を通じてしか摑めないもの**です。

すなわち、この「知識」とは「文献知」や「言語知」とも呼べるものであり、「智恵」とは「実践知」や「経験知」とも呼べるものです。

ちなみに、この日本で「智恵」と呼ばれるものは、欧米では、かつて、科学哲学者の**マイケル・ポランニー**が「**暗黙知**」(**tacit knowing**)と呼んだものでもあります。彼は、著作『**暗黙知の次元**』の中で、「**我々は、言葉で語れることよりも、多くのことを知っている**」という言葉を残していますが、実際、我々は、言葉で表せる「知識」以上のことを、経験を通じて知っており、これを日本では「智恵」と呼んできたのです。

では、なぜ、「知識」と「智恵」を区別することが大切なのか。

なぜなら、**優れたプロフェッショナルの「優秀さ」とは、どれほど多くの本を読み、どれほど多くの「専門的な知識」を学んだかではなく、どれほど豊かな経験を積み、そこから、どれほど深い「職業的な智恵」を掴んだかで決まる**からです。

言葉を換えれば、仕事の経験を通じて、どれほど深い「技術」や「心得」を掴んだかです。それは、分野を問わず、職業を問わず、プロフェッショナルに、共通に問われるものです。

ここで、「技術」とは、スキルやセンス、テクニックやノウハウと呼ばれるものであり、「心得」とは、マインドやハート、スピリットやパーソナリティと呼ばれるもの、日本語では、心構え、心の姿勢、心の置き所とも呼ばれるものです。そして、「技法」とは、この「技術」と「心得」を統合したものです。

人は何を見て「この人は頼りになる」と判断するのか

この「知識」と「智恵」の違いについて、分かりやすい例を挙げましょう。

世の中に弁護士という職業がありますが、活躍する弁護士と、そうでない弁護士の違いは、どこから生まれるのでしょうか。

弁護士であるかぎり、誰もが、法律に関する猛勉強をして、司法試験という難しい資格試験を突破してきています。すなわち、誰もが、「専門的な知識」という意味では、ある水準以上の力を身につけているのです。

しかし、そうした「法律の専門知識」だけでは、弁護士として活躍することはできません。

では、弁護士事務所を開いて活躍している、高橋弁護士の例を見てみましょう。

ある日、高橋弁護士の事務所に、依頼人の太田さんが来訪しました。相談内容を聞くと、父親が亡くなって、兄弟と土地の相続の問題で言い争いになっているとのこと。太田さんが少し興奮した状態で語る、混乱気味の話を一通り聴いて、高橋さん、冷静に、しかし明確な口調で、太田さんに、こう伝えます。

「分かりました。お話を伺っていると、太田様は、いま、法律的に、こういう問題に直面していいます。分かりやすく申し上げれば、こういう問題です。もし、この件を裁判で争うとすれば、こういう法廷闘争の戦術でいくべきですが、できれば、事前に、先方の弁護士と和解の交渉をしてみることを勧めます。その場合、交渉は、当方が担当しますが、同時に、その土地については、隣地の住民から事情聴取をした方が良いでしょう。それも、当方で担当します。おそらく、この問題、うまく解決策が見つかると思います」

落ち着いた雰囲気で語る高橋さんの話を聞いて、太田さんも、気持ちが落ち着き、高橋さんへの信頼感を抱き、この問題の解決を任せようという気になります。高橋さん、また、新たな仕事を得たようです。

さて、この高橋さん、明らかに「活躍する弁護士」ですが、彼がこの場面で発揮している能力は、「法律の専門知識」だけではありません。

混乱した話を聞いて、すぐに問題の本質を摑む「**洞察力**」。難しい法律用語を、相手の理解力を判断しながら分かりやすく説明する「**説明力**」。その場で、法廷闘争の戦術を瞬時に考える「**判断力**」。先方の弁護士と交渉する「**交渉力**」。隣地の事情聴取をする「**聴取**

力」。さらには、話を聞いてもらうだけで依頼人の気持ちが静まり、安心し、信頼感を抱く「**人間力**」など、極めて高度な能力を発揮しています。

そして、言うまでもなく、これらの能力は、いずれも、司法試験の勉強では決して身につかない能力であり、実際の仕事の経験を通じて身につけた「職業的な智恵」に他なりません。

これは弁護士の例ですが、分野を問わず、職業を問わず、プロフェッショナルとして活躍するためには、「専門的な知識」だけでなく、こうした「職業的な智恵」を身につけることが不可欠なのです。

すなわち、冒頭で紹介した新入社員の佐藤さんは、「専門的な知識」を学ぶ能力は身につけているのですが、活躍する人材になるために必要な「職業的な智恵」を身につける方法が分からないため、壁に突き当たってしまっているのです。

逆に、同期入社の鈴木さんは、その「職業的な智恵」を身につける方法を知っているため、「学歴」において佐藤さんに劣っていても、プロフェッショナルとして急速に成長しているのです。

相変わらず「工夫の無い会議」をする人に、決定的に足りないもの

では、その「職業的な智恵」を身につけるには、どうすれば良いのでしょうか。

そのために、まず最初に、佐藤さんが実行すべきことがあります。

それが、「学歴の壁」を越えるための「**第1の技法**」、

「経験」から摑んだ「智恵」の棚卸しをする

という「**棚卸しの技法**」です。

この技法は、これまでの日々の仕事で、自分が、どのような「職業的な智恵」を身につ

けてきたかを振り返るという技法ですが、「職業的な智恵」とは、高橋弁護士の例で言えば、「洞察力」や「説明力」、「判断力」や「交渉力」などのことです。さらには、「プレゼン力」や「会議力」、「企画力」や「営業力」などと呼ばれるものは、いずれも、この「職業的な智恵」です。

例えば、自分が会議を主宰することが多い立場ならば、自分の「会議力」を振り返り、自分がどの程度の「会議力」を身につけているかを「棚卸し」することです。

ただし、この「棚卸し」をするとき、2つの要点があります。

第1は、「**一定期間の成長を振り返る**」ということです。

分かりやすく言えば、「自分は、会議力が身についているか否か」という問いではなく、「自分の会議力は、この半年の間に、どの程度向上しただろうか」という問いを、自分に投げかけることです。

なぜなら、成長が止まる人というのは、ある程度、会議を運営できるようになると、「自分は、会議の運営はできる」と思い込み、実は、会議力というものには、奥深いスキルやノウハウの世界があることに気がついていないからです。

実際、職場を見渡すと、十年一日、工夫の無い会議の運営をしているマネジャーやリーダーは、決して少なくありません。リズム感良く会議を運営するスキルさえ身につけていない人も、残念ながら、珍しくありません。特に目につくのは、会議の運営とは、会議を「仕切る」ことだと思い込み、「**シキラー会議**」のスタイルを脱することのできないマネジャーやリーダーです。

同様に、「営業力」についても、「自分は、営業スキルは身につけた」と思い込み、顧客の立場や状況、人柄や心境に注意を払うことなく、マニュアル化した営業をする営業パーソンも、しばしば目につきます。いわゆる、「**ワンパターン営業**」のスタイルを脱することのできない営業パーソンです。

従って、「職業的な智恵」の棚卸しをするとき、必ず、一定の期間の成長を振り返り、例えば、「自分は、この半年の間に、どの程度、会議力が向上しただろうか」「この数か月、どの程度、営業力が伸びただろうか」と、自問自答することが極めて大切です。

第2は、「**明確な課題意識を持って振り返る**」ことです。

これは、第1の「成長の振り返り」を行うためにも重要なことですが、例えば、「会議力」であるならば、ただ「かなり会議力が身についた」といった抽象的な確認で終わらないということです。

もっと具体的、詳細に、自分が主宰する会議において、

（1）時間のマネジメントができるようになった
（2）混乱した議論の整理ができるようになった
（3）リズム感良く、議論を進められるようになった
（4）最後に、結論を上手くまとめられるようになった
（5）参加者の無言のメッセージを摑めるようになった

といった形で、自分がどれほど、その「会議力」を身につけることができたかを、明確

な課題意識を持って振り返ることです。

このように、「会議力」や「営業力」だけでなく、「企画力」や「交渉力」、「洞察力」や「判断力」、「説明力」や「聴取力」など、自分の仕事で求められる様々な「職業的な智恵」について、定期的に、こうした「棚卸し」をすると、自然に、我々の「職業的な能力」は高まっていきます。

情報革命とAI革命は「優秀な人」の価値を奪う

ここで、おそらく、あなたの心の中にある、一つの疑問について、答えておきましょう。

それは、次のような疑問でしょう。

「職業的な智恵」の大切さについては、分かったが、やはり、「専門的な知識」も重要なのではないか。

たしかに、その通りです。

もとより、一人のプロフェッショナルとして道を拓いていくために、「専門的な知識」も大切なことは、改めて言うまでもないでしょう。

それゆえ、どのような分野、どのような職業においても、プロフェッショナルをめざす人は、多くの場合、まず、その分野の「専門知識」を学び、「専門資格」を取得するところからキャリアをスタートします。

例えば、弁護士をめざす人であれば、まず、司法試験での合格をめざします。また、会計士をめざす人であれば、公認会計士試験での合格をめざします。

また、専門資格を取らなくとも、企業や組織で経理部に配属になった人は、経理の専門知識を学びます。特許部に配属になった人は、特許法などの専門知識を学びます。

しかし、これからの時代の変化を考えるとき、我々が、一つ理解しておくべきことがあるのです。

それは、**これからの時代には、「専門的な知識」の価値が、相対的に低下していき、それに対して、「職業的な智恵」の価値が高まっていく**ということです。

それは、なぜでしょうか。

「情報革命」と「人工知能革命」が加速していくからです。

「物知り先輩」が以前ほど尊敬されない理由

では、まず、「**情報革命**」は何をもたらすのか。

それは、**言葉で表せる「知識」の価値を低下させていきます。**

例えば、一昔前は、「物知り」や「博識」、「勉強家」や「博覧強記」といった言葉が褒め言葉でした。

日頃から、読書や文献調査などを通じて様々な知識を身につけておき、会議などで、その知識を披露すると、周りからは、「あの人は物知りだ」「あの人は勉強家だ」といった褒め言葉が挙がりました。

しかし、いまでは、会議で、少し専門的な知識が必要になると、最も若いメンバーが、手元のスマートフォンやタブレット端末を使って、瞬時に、「ああ、その件については、ウェブでは、こういう情報が載っています」と答えるようになりました。

その意味で、いまでは、「物知り」や「博識」、「勉強家」や「博覧強記」といった言葉は、「死語」になりつつあるのです。

そして、こうしたことは、さらにビジネスの現場でも起こっています。

例えば、顧客に対する商品説明も、一昔前の営業プロフェッショナルは、日頃から、最先端の商品知識を勉強しておき、顧客から質問があると、その該博な知識を使って、当意即妙に答えていました。そして、そうした先輩の姿を見ると、後輩の若いビジネスパーソンは、「先輩は、さすがだな」と感銘を受けたものです。

しかし、いまでは、こうした顧客に対する商品説明の場面でも、基本的な情報から、詳細な情報まで、タブレット端末などで簡単に取り出せるため、新人の営業パーソンでも、商品知識という点だけで見れば、それなりに仕事ができるようになっています。

では、この先輩は、後輩や新人に、営業での役割を奪われてしまうのでしょうか。

決して、そうではありません。

なぜなら、この先輩は、後輩や新人には真似できない能力を持っているからです。

例えば、先ほど高橋弁護士のところで述べたように、顧客の理解力に合わせて分かりやすく説明する「説明力」や、顧客からの要求に的確に応える「判断力」、さらには、顧客の言外の気持ちを推察する「推察力」など、まさに「職業的な智恵」においては、後輩や新人では真似できないものを持っています。

ただし、もし、この先輩が、こうした「職業的な智恵」をあまり身につけていなかったならば、何が起こるでしょうか。

おそらく、その営業の仕事は、早晩、人件費の安い、後輩や新人に取って代わられることになるでしょう。

このように、情報革命によって、「専門的な知識」は、ウェブで簡単に共有されるようになるため、その価値は、相対的に低下していきます。

これに対して、「職業的な智恵」は、ウェブでは共有できないため、その相対的価値は、ますます高まっていくのです。

そして、この傾向を、さらに加速するのが「**人工知能革命**」です。

「サムライ」の半分が討ち死にする時代

私は、仕事柄、色々な方面から講演の依頼を頂きますが、2017年に頂いた依頼には、少し驚きました。

それは、東京の税理士会からの講演の相談だったのですが、その主旨を聞いて、驚いたのです。

その主催者は、こう述べて依頼をしてきたのです。

「我々、税理士や会計士の仕事は、これから到来する人工知能革命で、10年以内に、半分が不要になると思っています。その時に備え、いまからどのような能力を身につけておけば良いか、そうした話をして頂きたい」

この話を聞いて驚いたのは、すでに、東京の税理士会が、人工知能革命のもたらすものを的確に予見し、その対策を考えていることでした。

なぜなら、たしかに、人工知能革命は、これから、税理士や会計士、弁護士や司法書士など、いわゆる「**サムライ（士）業**」の半分を淘汰していくのですが、その危機感を真剣に抱いている人は、まだ、それほど多くはなかったからです。

そして、この税理士会の依頼には、驚くとともに、感銘を受けました。

なぜなら、これからの激動の時代においては、様々な職業に大きな淘汰の荒波が押し寄せるのですが、この**荒波によって淘汰されるのは、ほとんどの場合、その「危機」を危機と感じない人々**だからです。

その意味で、この税理士会が、持つべきときに、持つべき危機感を持っているということに、感銘を受けたのです。

「理路整然と考えられる人」の価値も低下していく

では、なぜ、人工知能革命によって、「サムライ業」の半分が淘汰されていくのか。

その理由については、拙著『東大生となった君へ』（光文社新書）において詳しく語りましたが、その要点を述べるならば、**人工知能は、「論理的思考力」と「知識の修得力」においては、人間が絶対にかなわない能力を持っている**からです。

人工知能の「論理的思考力」については、すでに、人工知能が、チェス、将棋、囲碁の分野で、人間の能力を凌駕していることに象徴されています。

人工知能は、人間と違い、全く疲れることなく、何万通り、何十万通りの手を一瞬にして読むことができます。

そして、人工知能は、こうしたゲームの分野だけでなく、ビジネスの分野でも、プロジェクトにおける無数の工程の組み合せから、一瞬にして、最短時間の工程を見出したり、最小コストの工程を見出したりすることができます。

また、「サムライ業」という意味では、すでに、欧米の大手弁護士事務所では、膨大な契約書の条項の中から、問題のある箇所を抽出するといった論理的な仕事は、人工知能に任せるようになっています。その結果、従来、そうした仕事を担当していたパラリーガルという職業も淘汰されるようになっています。

また、人工知能の「知識の修得力」や「知識の活用力」についても、人間は、全くかないません。

なぜなら、人工知能は、ワールド・ワイド・ウェブという、文字通り「グローバルなナレッジベース＝知識の宝庫」から、即座に必要な知識を取り出してくることができるからです。それも、どのような言語で書かれているものでも、自動的に翻訳して取り出してくることができるのです。

これに対して、税理士、会計士、弁護士、司法書士などの「サムライ業」の仕事の多くは、「専門知識」と「論理思考」の組み合わせによってできるため、その半分が人工知能によって置き換わるという予測も、決して大袈裟ではないのです。

そして、この「**サムライ業**」の危機は、そのまま、「知的職業」の危機でもあります。

独立した「サムライ業」だけでなく、企業や組織の内部で資材管理や工程管理、財務管理や経理業務、さらには、人事管理や人材配置などを担う「知的業務」も、その多くが人工知能で代替されていくため、こうした仕事を担っていたビジネスパーソン、いわゆる「知的職業」の人材も、大きく淘汰されていきます。

例えば、米国の大手金融会社では、人工知能の導入で、従来、数百人いたトレーダーが、数人になりました。

また、ある大手企業では、全社員の意識調査の結果を詳細に分析し、退職の可能性のある社員を見つけ出し、適切な対応を指示するといった人事管理の仕事も、人工知能が行うようになっています。

このように、これから人工知能革命が加速していく時代において、「論理思考」と「専門知識」だけで対処できる仕事は、その大半が、人工知能に置き換わっていくのであり、「論理的思考力」と「知識の修得力」だけに安住している人材は、淘汰されていくことになります。

そして、それは、**「学歴的能力」に安住している人材、すなわち、「高学歴人材」の危機**をも意味しているのです。

「勘」の鋭い職人やベテランも存在意義を失う時代

こう述べてくると、この第1話で、「学歴的優秀さ」から「職業的優秀さ」への切り替えと、「専門的な知識」から「職業的な智恵」への切り替えが求められると述べてきた理由は、明らかでしょう。

なぜなら、**「経験」**や**「人間」を通じてしか摑めない「職業的な智恵」と、その智恵に基づく「職業的能力」は、人工知能では決して代替できない**からです。

しかし、ここで、少しだけ怖い話をしておくと、この人工知能は、すでに、人間の持つ「直観的判断力」の一部をも代替し始めているのです。

例えば、米国では、警察官のパトロール経路について、過去の犯罪発生データに基づき、その日、その時刻に、どの場所をパトロールすれば良いかを、人工知能が判断し、指示を出し、犯罪発生率の低下に効果を上げています。

また、日本でも、タクシーの流し経路について、過去の乗客データと、その日、その時刻の交通状況データから、どの道を流せば、乗客を拾う確率が高くなるかを、人工知能が判断し、指示を出し、乗客獲得率の向上に成果を挙げています。

この2つの事例は、従来は、ベテラン警察官やベテラン運転手の勘によって対応していたものを、人工知能が代替していくという動きであり、人間の「論理的思考力」だけでなく、人間の「直観的判断力」の領域についても、人工知能が優れた力を発揮し始めていることを意味しているのです。

従って、これからの人工知能革命の時代、我々は、より高度な「直観的判断力」を含む「職業的な智恵」を身につけ、磨いていかなければならないのです。

転職しても活躍する人材の持つ「3つの強み」

しかし、もし、我々が、それなりの年月をかけ、経験と修練を積み、「職業的な智恵」を身につけることができるならば、そのことには、次の「**3つの強み**」があります。

第1は、「**職業的な智恵**」**は、決して古くならない**ということです。

すなわち、「会議力」や「プレゼン力」、「企画力」や「営業力」などの「職業的な智恵」は、ひとたび身につければ、決して古くなることはありません。

これに対して、「専門的な知識」は、時代の変化に合わせて急速に変わっていくため、努力して学んでも、すぐに古くなってしまうことがあります。

第2は、「**職業的な智恵**」**は、業種や職種が変わっても役に立つ**ということです。

この「会議力」や「プレゼン力」、「企画力」や「営業力」などの「職業的な智恵」は、汎用的な能力であるため、転職などによって働く業種や職種が変わっても、役に立ちます。世の中で、しばしば「**つぶしが利く人材**」という言葉が使われますが、この「職業的な智恵」を身につけた人材は、どのような業界でも通用するという意味で、まさに、この「つぶしが利く人材」に他なりません。

第3は、「**職業的な智恵**」**は、簡単に代替されない**ということです。

この「会議力」や「プレゼン力」、「企画力」や「営業力」などの「職業的な智恵」は、それを身につけるために、それなりの年月と経験、修練が必要になるため、ひとたび、それを身につければ、若い優秀な人材が台頭してきても、容易に置き換えられることはありません。

このように、年月をかけ、経験と修練を積んで、「職業的な智恵」を身につけることには、こうした「3つの強み」があるのです。
あなたには、そのことも、知っておいてほしいと思います。

【学歴の壁】「優秀さ」の切り替えができない

【棚卸しの技法】「経験」から摑んだ「智恵」の棚卸しをする

第2話

経験の壁

失敗を糧として「智恵」を摑めない

反省の技法

「直後」と「深夜」の追体験を励行する

一見、仕事が上手そうだが、実はプロから見ると下手な人

世の中には、**「うまへた」という言葉と「へたうま」という言葉**があります。「上手そうで、下手」「下手そうで、上手い」という言葉です。

すなわち、一見、仕事が上手そうに見えて、実は、一流のプロフェッショナルからすれば、まだまだ下手、という状態と、逆に、一見、下手そうに見えるけれども、実は、一流のプロフェッショナルとして見事な技を使っているという状態を表す言葉です。

実は、第1話で述べた「シキラー会議」のリーダーや、「ワンパターン営業」の営業パーソンは、この「うまへた」の状態、「上手そうで、実は下手」の状態なのです。

「シキラー会議」のリーダーとは、すでに述べたように、会議の運営とは、その日の議題に沿って、議事を進め、参加者に意見を求め、最後に、それらの意見をまとめて会議を終

えること、すなわち、会議を「仕切る」ことだと思っているリーダーです。

こうしたリーダーは、横で見ていると、たしかに議題通り円滑に議事を進めているように見えるのですが、よく見ていると、リズム感が悪いため、ときおり、会議の流れに妙な間が空いてしまうのです。また、会議のメンバーからは順次、意見を求めるのですが、そのメンバーの発言だけを聞いていて、その表情の奥にあるメンバーの微妙な思いにまで注意が行っていないのです。また、議論が混乱したとき、柔らかいリーダーシップで議論をまとめていくことができないため、会議が終わったとき、参加者の気持ちにカタルシスが生まれず、何か、後味の悪い終わり方をしてしまうのです。

また、「**ワンパターン営業**」**の営業パーソン**とは、あまり深く考えることなく、営業とは、顧客に対して自社の商品の説明を行い、その商品の魅力をうまく伝え、顧客に買ってもらうことだと思っている営業パーソンです。

こうした営業パーソンは、傍《はた》で見ていると、たしかに、顧客に対して流暢に商品説明をしており、商品の魅力も伝えているのですが、よく見ていると、「呼吸」が浅いのです。

顧客が質問をしても、その質問の奥にある顧客の思いを感じ取って説明をするのではなく、「この質問には、この回答」といったマニュアル的な対応をしているのです。

すなわち、この営業パーソンは、営業のスタイルが、一見、こなれているように見えて、実は「ワンパターン化」してしまっており、顧客がどういう人物であり、どういう状況であり、どういう心境であるかにかかわらず、お決まりの一つのパターン、マニュアル的なパターンで売り込んでしまっているのです。相手の人物、状況、心境に応じて、臨機応変に売り込みのスタイルを切り替えることができないのです。

あなたの周りにも、こうした「シキラー会議」のリーダーや、「ワンパターン営業」の営業パーソンがいるのではないでしょうか。

こうしたビジネスパーソンは、仕事はそれなりにできており、それなりの業績も上がっているので、本人は気がつかないのですが、一流のプロフェッショナルから見れば、まだまだ、仕事のやり方に、未熟さも、拙さもあるのです。また、見えないミスも、失敗もあるのです。

しかし、こうしたビジネスパーソンは、とりあえず、それで仕事が進んでいるので、そのミスや失敗に気がつかず、それを糧として、さらに深い「職業的な智恵」を摑むことができないため、成長が止まってしまっているのです。

「浅い仕事」で止まっている人は、「振り返り」が浅い

すなわち、これらのビジネスパーソンは、成長の「**第2の壁**」に突き当たっていると言えます。

それは、

失敗を糧として「智恵」を摑めない

という「**経験の壁**」です。

しかし、もし、我々が、「智恵」を摑む方法、すなわち、「**智恵の修得法**」を身につけるならば、**日々の仕事における様々なミスや失敗の**「**経験**」**を糧として、自分に欠けている**「**職業的な智恵**」**、仕事の技術や心得を、深く学ぶことができる**のです。そして、そのこと

によって、**与えられた「経験」を「体験」にまで高める**ことができるのです。
では、それは、どのような方法でしょうか。

そのための技法が、「**第2の技法**」、

「直後」と「深夜」の追体験を励行する

という「**反省の技法**」です。

これは、**仕事において一つの「経験」が与えられたとき、その「経験」をそのまま放置せず、直後と深夜に振り返り、心の中で「追体験」し、その仕事における自分の技術や心得を深く「反省」することによって「職業的な智恵」を掴む**という技法です。

「悔やんでいる人」は、実は「反省」していない

しかし、こう述べると、あなたは、「なんだ、反省か……。それなら、毎日、しているけれども……」と思われるかもしれません。

ただ、ここで理解して頂きたいのは、この「反省」とは、決して、抽象的・情緒的な営みではなく、**極めて具体的・理性的な技法**だということです。

それにもかかわらず、「反省」ということの意味が正しく理解されていないのは、世の中で**「反省」という行為と「後悔」や「懺悔」という行為を混同する**傾向があるからです。

例えば、仕事で大きな失敗をしたとき、「ああ、しまった！　二度とこうした失敗はしたくない！」と思うのは、「後悔」であって「反省」ではありません。

また、仕事で大きなトラブルを起こしたとき、「このトラブルは、すべて私に責任があります。私の未熟さが原因です」と言うのは、「懺悔」であって「反省」ではありません。

本書で述べる「反省」とは、そうした抽象的・情緒的な「後悔」や「懺悔」ではなく、「経験」から「職業的な智恵」を摑むための、極めて具体的・理性的な技法なのです。

「顔を洗って出直します」という反省の弁には、価値が無い

従って、一人の若手ビジネスパーソンが、これからどれほど成長していくかは、一つの経験を「反省」する姿を見ると、よく分かるのです。

例えば、仕事でトラブルを起こした田中さん、上司に対して、こう述べます。

「今回のトラブルは、すべて私の責任です。私の仕事に対する甘さが、すべて出てしまいました。猛省し、顔を洗って一から出直します」

一方、やはり仕事でトラブルを起こした伊藤さん、上司に対して、こう述べます。

「今回のトラブル、申し訳ありませんでした。実は、先方の担当者に電話をして、スケジュールの変更をお願いしたのですが、その電話で了解を得たことで安心してしまい、追ってメールで再確認することを怠りました。先方が、その伝達を失念することまで想定していませんでした。それが今回のトラブルの原因です。今後は、こうした重要なスケ

ジュール変更については、電話だけでなく、メールで確認することをルール化し、徹底します」

さて、この二人の反省の弁を聞かれて、どちらが、これから成長していくと思われるでしょうか。

残念ながら、田中さんは、あまり成長できないでしょう。彼の反省の弁は、反省ではなく単なる懺悔になっています。そのため、田中さんは、この失敗からあまり多くのことを学べないでしょう。

一方、伊藤さんは、この失敗の経緯を振り返り、それがどうして起こったのか、原因を明確にし、自分の仕事の進め方の何を変えなければならないか、具体的に反省しています。この反省の習慣を持つかぎり、彼は、これから確実に成長していくでしょう。

では、この「反省」は、具体的に、どのように行えばよいのでしょうか。

この「反省」には、「**2つの技法**」があります。

反省は「鮮度が命」である

第1の技法は、「**直後の反省対話の技法**」です。

これは、**重要な商談や交渉、会議や会合の直後に、その場での自身のプロフェッショナルとしての「技術」を仲間と共に振り返る**ことです。そして、**その「技術」がうまく発揮できたか否かを、ミスや失敗も含め、一つ一つのシーンに即して互いに言葉にしながら反省する**ことです。

例えば、商談の帰り、同僚と、こうした会話を交わすことです。

「あの自分のプレゼン、分かりやすかったかな」

「少し、早口だったと思う」

また、例えば、社内会議を主宰した後、同僚と、こうしたやり取りをすることです。

「会議の進め方、あれで良かったかな」
「もっと参加者の意見を引き出せると良かったと思う」

こう述べると簡単なことに思えるかもしれませんが、一つ一つに大切な意味があります。

第1に、ここで「**技術**」という意味は、自分の「会議力」「プレゼン力」「企画力」「営業力」などにおけるスキルやテクニックのことですが、こうした対話を行うことによって、自分のスキルやテクニックについて、常に自覚的になることができます。

第2に、「**直後**」という意味は、例えば、商談の帰りの電車やタクシーの中で、もしくは、会議の後の廊下やエレベータの中で、こうした対話をすることですが、商談や交渉、会議や会合のすぐ後は、まだ、その経験が生き生きと記憶に残っているため、その直前の経験を「追体験」するには好適だからです。

第3に、「**仲間と共に**」という意味は、自分だけでも「追体験」と「反省」はできるのですが、できるかぎり客観的な視点から振り返るためにも、第三者の視点が大切です。

例えば、自分のプレゼンのテクニックがどうであったかは、その直後では、自分のことを冷静に見ることができないため、仲間の客観的な視点での意見を聞くことが、極めて参考になります。

さらに、複数の仲間とこの反省対話を行うと、複数の反省の視点や解釈の視点を学ぶことができるというメリットもあります。また、この「反省対話」を同僚や部下だけでなく、優れた先輩や上司と行うと、自分でも気がつかない優れた視点を学ぶことができます。

第4に、「**一つ一つのシーンに即して**」という意味は、反省は、全体を大雑把に振り返っても、あまり技術の改善にならないからです。

先ほどのプレゼン後の「反省対話」の例で言えば、「若干、分かりにくい面もあったけれど、全体として良かったよ」という大まかな振り返りよりは、「冒頭の趣旨説明の部分は、明確に理解できたけれど、後半の技術説明の部分が、分かりにくかったのではないか」といった具体的なシーンを挙げての振り返りの方が、スキルやテクニックなどの技術の改善には役に立ちます。

第5に、「**言葉にしながら**」ということは、「職業的な智恵を掴む」という点で、少し深い意味があるので、次に、詳しく述べましょう。

智恵を掴む「ヴィトゲンシュタイン的技法」

では、「言葉にしながら」ということは、どのような深い意味があるのでしょうか。

なぜなら、第1話で、「**智恵とは、言葉で表せないものである**」と述べたからです。

では、もし、そうであるならば、仲間と、スキルやテクニックなどの「言葉で表せない職業的な智恵」について、「言葉」で語り合うということには、どのような意味があるのでしょうか。

例えば、仲間が、直後の反省対話で、「先ほどのプレゼンは、リズム感が悪かった」と言ってくれたとしても、それだけで、我々は「適切なリズム感」を掴めるわけではありません。「適切なリズム感」とは、どこまでも、自分自身が何度ものプレゼンの経験を通じて身体的に摑むべきものだからです。

では、そうした「職業的な智恵」について、「言葉」で語り合うことには、どのような意味があるのでしょうか。

その機微を、かつて、哲学者の**ルートヴィヒ・ヴィトゲンシュタイン**が、**『論理哲学論考』**という著作の中で、一つの名言として残しています。

「我々は、言葉にて語り得るものを語り尽くしたとき、言葉にて語り得ぬものを知ることがあるだろう」

まさに、この言葉のごとく、我々は、スキルやテクニックなどの「職業的な智恵」について、言葉で語り得ることを、できるだけ言葉にしてみたとき、初めて、心の奥深くで、そのスキルやテクニックについて、どのように変えれば良いか、ある「感覚」が湧き上がってくるのです。

すなわち、「できるかぎり言葉にしてみる」ということは、「言葉にならない感覚が心の奥深くから湧き上がってくる」ために極めて大切なことなのです。

例えば、先ほど述べた「リズム感が悪い」とは何か。

それを、「ときおり、ひどく間延びする」「リズムが単調なので、退屈する」「アクセントがない」など、色々な言葉にしてみることで、言葉にならない、ある感覚が湧き上がってくるのです。

「反省対話」が根付いた職場は強くなる

これが、「反省対話の技法」ですが、「はじめに」で、私が、30歳で初めて実社会に出たこと、入社し配属になった職場で、「7年遅れのランナー」として途方に暮れたことを述べました。

しかし、そのとき始めた「研究マインド」での仕事の振り返りにおいて、最初に実践したのが、この「反省対話」でした。

特に、上司と同行した営業の帰り道などは、

「説明資料、文字が多くて読みにくかったでしょうか」

「あの技術の説明、分かりやすかったでしょうか」

「あのお客様の質問には、どう答えれば良かったでしょうか」

といった質問を投げかけ、上司の智恵を借り、ワンポイント・アドバイスをもらっていました。


また、その後、設立に参画した大手シンクタンクにおいては、今度は、自分が上司として、商談や会議の後、必ず、部下と、同様のやり取りをしていました。

企画提案資料、プレゼン技術、話術、会議の進め方、交渉の呼吸、などを徹底的に振り返り、会議力、プレゼン力、企画力、営業力、などを磨き続けました。

ただし、自分が上司であっても、ただ、部下にアドバイスをするだけではありません。

しばしば、

「冒頭の自分の挨拶、要点を伝えていたかな」

「企画提案について、自分からも追加説明したが、あの説明、分かりやすかったかな」

といった形で、部下の意見も聴きました。

それは、部下の意見が実際に参考になるという意味もありましたが、**同時に、組織内で、商談や会議の後は、必ず「反省対話」を行うという習慣を定着させたかった**からでもあります。


いずれにしても、重要な商談や交渉、会議や会合の直後に、必ず、意識的にこの振り返りを行うだけで、我々のプロフェッショナルとしての技術は急速に伸びていくこと、そして、一人ひとりが成長できる文化が生まれていくことを、これらの職場で体験しました。

「技の働き」の振り返りから、「心の動き」の振り返りへ

ここで、もう一つ大切なことを述べておきましょう。

この「**直後の反省対話**」**を習慣にしていると、必ず、「反省の視点」が、より深い方向に向かっていきます。**

それは、端的に言えば、**「技の働き」の振り返りから、「心の動き」の振り返りへと深まっていく**のです。

例えば、最初は、

「先ほどの商談では、お客様の想定外の質問に、簡潔に答えられなかった」

「先ほどの企画会議では、混乱した議論を、上手くまとめられなかった」

といったスキルやテクニックに関する振り返り、すなわち「技の働き」についての振り返りから始まりますが、その「反省の視点」は、自然に、参加者の「心の動き」についての振り返りに向かっていきます。

例えば、

「あの質問に対する答えを、先方の部長は黙って聞いていたが、表情からすると、説明に納得していなかったのではないだろうか」

「先ほどの企画会議で、西村さんの本音は、あの企画に賛成ではなかったのではないか」

といった形で、自然に顧客や交渉相手、会議参加者や会合相手の「心の動き」を振り返ることになっていきます。

このように、「反省対話の技法」では、この自然な流れを大切にし、「技の働き」の振り返りで止めることなく、「心の動き」の振り返りへと深めていくことが望ましいのです。

それは、反省対話が深まっていくということだけでなく、次の第2の技法に結びついていくからでもあります。

伸びる若手は「深夜」に成長する

では、「反省」の第2の技法は、何でしょうか。

それは、「**深夜の反省日記の技法**」です。

これは、**毎日、夜、一人になったとき、一日の仕事を振り返り、「反省日記」をつけるという技法**ですが、これを習慣にすると、我々のプロフェッショナルとしての力は、確実に高まっていきます。

ただ、こう述べると、あなたは、「日記をつけるのか……。古臭い方法ではないか……」と思われるかもしれません。

しかし、実は、これは、プロフェッショナルとして成長するために、極めて効果的な技法です。

実は、私は、大学時代から日記をつけることを習慣にしていたのですが、実社会に出てからは、この日記を、「研究マインド」で仕事の振り返りを行う「反省日記」として書くようになりました。そして、この習慣を１０年以上続けたのですが、いま振り返って、この技法と習慣が、私のプロフェッショナルとしての道を拓いてくれたと思っています。

ただし、この「反省日記」は、ウェブ上で公開する「ブログ」や、人事研修などで提出させられる「研修日誌」などと違い、自分だけが読むものです。

本来、「日記」とはそうしたものですが、**「自分だけが読む」「他の誰も読まない」から****こそ、自分の心境を赤裸々に書けるのであり、そこに大切な意味がある**のです。

では、この「反省日記」を、どう書くか。

まず、「反省日記」においても、「反省対話」と同様、その日一日の仕事を振り返り、「技の働き」の振り返りと「心の動き」の振り返りを行うことが基本になります。

すなわち、その日の商談や交渉、会議や会合などでのスキルやテクニックについて、「技の働き」の振り返りを行い、そこでの顧客や交渉相手、会議参加者や会合相手の「心の動き」を振り返ることが基本となります。

例えば、「心の動き」については、

「今日の商談での商品説明では、少し強い口調になってしまったので、お客様は、疑問を飲み込まれたのではないだろうか」

「今日の企画会議では、藤井さんが不愉快そうな表情をしていた。あれは、彼女の企画が採用されなかったからだろうか」といった振り返りを行うことです。

ただ、ここまでは、「直後の反省対話」と同じなのですが、実は、ここからが、「深夜の反省日記」でなければできない反省が始まります。

それは、「**反省日記**」では、「**相手の心**」**がどう動いたかだけでなく、**「**自分の心**」**がどう動いたかを、率直に見つめられる**からです。

例えば、先ほどの「今日の商談での商品説明では、少し強い口調になってしまったので、お客様は、疑問を飲み込まれたのではないだろうか」という振り返りまでは、仲間との「反省対話」でもできるのですが、その理由を、「自分の心」を振り返りながら「反省日記」で率直に書いていくと、ときに、「今日の商談では、上司の山本課長が同席していたので、山本課長に自分の説明の上手いところを見せようとして、肩に力が入ってしまった。それが、少し強い口調になった原因ではないか」といった内省が始まります。

また、先ほどの「今日の企画会議では、藤井さんが不愉快そうな表情をしていた。あれは、彼女の企画が採用されなかったからだろうか」という振り返りにおいては、「藤井さんは、いつも、自分の企画が採用されないと、ああいう不愉快そうな表情を示すが、そうした表情を見ると、自分もまた不愉快になり、ことさらに彼女を無視して議論を進めてしまった。これは、自分の悪いところだ……」といった内省が始まります。

こうした**自分の心の内省は、仲間と行う「反省対話」では、なかなか行えない**ものであり、他の人に読まれることのない日記だからこそ書けるのです。

成長する人は「自分の心」が見えている

実は、「反省日記」を通じて、こうした振り返りと内省を行うことは、我々のプロフェッショナルとしての成長にとって、極めて重要な意味を持っています。

なぜなら、**優れたプロフェッショナルは、「技の成長」だけでなく、必ず「心の成長」も、同時に遂げていく**からです。

そして、**「心の成長」とは、「自分の心が見えるようになる」ということ**であり、さらに言えば、**自分の心の中の「エゴの動き」が見えるようになること**だからです。

逆に言えば、**成長しないビジネスパーソンは、「技」が成長しないだけでなく、「心」も成長しません**。特に、成長しないビジネスパーソンは、「自分のエゴ」が満足するような視点でしか、自分の仕事を見ない傾向に陥ります。

例えば、商談や企画会議を振り返っても、

「顧客に理解力が無いから、この企画の優れた点が分からないのだろう」

「うちのメンバーは、どうして良いアイデアが出ないのだろうか」

といった「エゴの動き」による、自分中心の解釈をしてしまいます。


しかし、心が成長し、自分が見えるようになってくると、

「自分の説明の仕方が不親切だから、顧客が理解できなかったのではないだろうか」

「自分の会議の進め方が高圧的なので、メンバーがアイデアを言いにくくなっているのではないだろうか」

といった、謙虚な捉え方ができるようになってきます。


このように、この「**深夜の反省日記**」を習慣にすると、不思議なほど「自分の心」が見

えるようになってきます。**単に「自分の技」の働きを振り返り、「相手の心」の動きを振り返るだけでなく、自然に、「自分の心」の動きを振り返ることができるようになってくるのです。**


そして、こうした「反省日記」を続けていくと、仕事においてトラブルが生じても、

「なぜ、こうしたトラブルが起こったのか」

「自分の仕事の進め方のどこに問題があったのか」

「自分の心の姿勢の何が問題だったのか」

「自分の心の中のエゴが、どう動いたのか」

といった自問自答を通じて、深い視点からの反省ができるようになっていきます。


すなわち、「反省日記の技法」は、「反省対話の技法」に比べ、深い視点での反省ができるため、深いレベルでの成長ができる技法と言えます。

それは、「誰にも読まれない日記」であるからこそ、自分の内面を虚心に見つめ、そのエゴの動きも含めて赤裸々に書き出すことができるからですが、もう一つの理由は、「反

省日記」というものが、「書く」ことを前提としている技法だからでもあります。

書くことで「賢明なもう一人の自分」が現れてくる

では、なぜ、「**書く**」**ことによって、深く考えることができる**のでしょうか。

それは、自分の内面の気持ちや心境を表現しようとして、「書く＝文章にする」ということを行うと、必ず、**心の奥深くから「もう一人の自分」が現れてきて、その書かれた文章に対して「意見」を呟《つぶや》き始める**からです。

言葉を換えれば、「**自分との対話**」が起こるのです。

例えば、反省日記において、「今回の仕事のトラブルは、彼の無責任さに問題がある」と、誰かを批判する文章を書いたとします。一呼吸おき、少し冷静になって、その文章を読み返すと、「もう一人の自分」が現れ、こう囁《ささや》くときがあります。

「しかし、自分は、どうなのか……。自分に非は無かったのだろうか……」

また、例えば、反省日記において、「今度の仕事は、責任者として、自分なりには満足いく成果を挙げることができたと思う」と、自分を評価する言葉を書いたとします。すると、「もう一人の自分」が現れ、こう呟くときがあります。

「たしかに、自分は、リーダーとして頑張ったと思うが、何よりも、今回の仕事の成果は、チームのみんなが一生懸命に頑張ったからではないのか……」

これが、「自分との対話」が起こる瞬間です。

これに対して、「書く」ことによる反省日記ではなく、「語る」ことによる反省対話の場合には、「語った言葉」が、次々と消えていきます。

それゆえ、その「語った言葉」を、もう一度、目の前で冷静に読むことも、客観的に読むこともできないため、「自分との対話」が起こりにくいのです。

そして、**「書く」行為によって現れてくる「もう一人の自分」**は、**「賢明なもう一人の自**

分」と呼ぶべきものであり、いつも、**感情的にならず冷静に自分を見つめ、さらに、心の奥深くの「小さなエゴ」を見つめている**自分でもあります。

それゆえ、この「反省日記」という技法を通じて、自分の中にいる「賢明なもう一人の自分」との対話ができるようになると、我々の心は、大きく成長していきます。

さて、この第2話においては、「経験の壁」を越えるための技法として、「反省の技法」を紹介し、具体的には、「直後の反省対話」と「深夜の反省日記」という2つの技法を説明しましたが、この2つの技法は、実践するのに、それほど長い時間を必要とする技法ではありません。

「反省対話」は、1時間の会議や会合、商談や交渉を振り返るのに、1時間かかるわけではありません。わずか5分でも、かなりの振り返りを行うことができます。

「反省日記」もまた、わずか10分、20分でも、その日一日の様々な出来事を振り返ることができます。

そして、この2つの技法は、実践すると、すぐに効果が表れる技法であるとともに、これを何年か続けていると、「経験」から「智恵」を摑む力だけでなく、相手の心を感じ取る力や、物事を深く考える力が、自然に身についてきますので、今日から、実践されることを勧めます。

【経験の壁】　失敗を糧として「智恵」を摑めない

【反省の技法】　「直後」と「深夜」の追体験を励行する

第3話

感情の壁

感情に支配され、他人の心が分からない

心理推察の技法

会議では、参加者の「心の動き」を深く読む

「自分しか見えていない」という言葉の怖さ

職場で、ときおり見かける、残念な光景を紹介しましょう。

企画のセンスに優れた若手社員の山本さん。上司も周囲も、彼の企画力には、一目置いています。しかし、彼の仕事の評価は、あまり高くないのです。なぜでしょうか。

企画会議を覗いてみると、先ほどから、山本さんも含めた若手社員が、商品企画について各自が考えてきたアイデアを出し合っています。

まずは、中村さんが、自分のアイデアを説明し終わったところです。次の小林さんが、彼のアイデアの説明を始めました。上司の加藤課長は、熱心にメモを取りながら、それぞれのアイデアを聞いています。

しかし、山本さんは、あまり中村さんと小林さんのアイデアに耳を傾けていません。表情を見ていると、中村さんと小林さんのアイデアは買えないという雰囲気で、つまらなそうに、自分の説明の番が来るのを待っています。

その山本さんの雰囲気を、加藤課長は感じ取り、眉をしかめています。
けれども、山本さん、その課長の表情にも気がつかないようです。

さて、あなたは、この山本さんの評価が高くない理由が、分かるのではないでしょうか。
彼は、どれほど企画のセンスが良く、企画力に優れていても、企画プロフェッショナルとしては、必ず、壁に突き当たります。
なぜなら、一つの職場で、自分の提案する企画を実現しようと思うならば、優れた企画を提案するだけでは駄目だからです。

その企画に、周りの仲間が共感し、賛同し、実現に協力してくれるかどうか。

それが極めて大切だからです。

いずれ、どのようなプロジェクトも、企画の発案者一人では動かせません。
その企画に賛同し、その企画の実現に協力してくれる職場の仲間がいて、初めて、そのプロジェクトが動き始めるのです。

しかし、この山本さん、同僚の中村さんや小林さんが企画の説明をしているとき、「早く自分の企画を説明したい」という思いが勝ってしまい、二人の企画にあまり耳を傾けようとしていません。そのことを二人も感じ取っているため、仮に、山本さんの企画が採用されても、協力して一緒にプロジェクトを進めようという気にならないのです。

「あの人は、相手の気持ちが分からない……」と言われてしまう人

では、この山本さんが突き当たっている壁は何か。

それが、優秀な人が突き当たる「**第3の壁**」、

感情に支配され、他人の心が分からない

という「**感情の壁**」です。

こうした壁に突き当たる一つのタイプとして、この山本さんのように、優れたアイデアや企画は出せるが、職場で浮いてしまうタイプのビジネスパーソンがいます。

しかし、他にも、この壁に突き当たる優秀なビジネスパーソンは、決して少なくありません。

例えば、「営業成績を上げたい」という気持ちに駆られ、目の前の顧客の気持ちが読めない営業パーソンも珍しくありません。

同様に、自分の専門分野の技術へのこだわりとプライドから、その技術について門外漢の上司に対して、無意識に「上から目線」の説明をしてしまうエンジニアも、ときおり、目につきます。

また、例えば、自分が責任者を務めるプロジェクトを、予定通りに進めなければという思いが強いため、厳しいスケジュールをプロジェクト・メンバーに要求する一方、そのメンバーの中に不満が溜まっていることに気がつかないプロジェクト・リーダーもいます。

こうしたビジネスパーソンは、仕事に対する意欲も責任感もあり、ある意味で優秀なのですが、彼らの問題は、自分が認められたい、自分が成果を挙げたいという気持ちに支配され、相手や周りの人間の気持ちが分からないことです。

すべての仕事は、「人の心の動き」を感じることから始まる

もとより、この「**相手や周りの気持ちが分かる**」ということは、**ビジネスに関わるすべての人に求められる大切な能力**でもあります。なぜなら、**すべてのビジネスが、「人間の心」を対象とした営み**だからです。

そもそも、ビジネスとは、社内における上司や先輩、同僚や部下から始まり、社外においては、顧客、業者、提携企業の担当者、さらには、株主、メディアの担当者など、すべてにおいて「人間」を相手にする営みです。すべてにおいて、「人間」を相手にし、「人間の心」を相手にする営みです。

それゆえ、分野や職業を問わず、優れたビジネス・プロフェッショナルになっていくためには、単にスキルやセンス、テクニックやノウハウなどの「技術」が優れているだけでは不十分であり、仕事で関わる人々の「心の動き」を感じ取り、推察し、適切な言葉と行為で働きかける力が求められるのです。

では、そうした力を身につけるためには、どうすれば良いのでしょうか。

いくら「本」を読んでも、「心」を読めるようにはならない

ここで、人々の「心の動き」を感じ取り、推察し、適切な言葉と行為で働きかけると言うと、あなたは、「心理学」の本を読むことを考えるかもしれません。

しかし、残念ながら、第1話で述べたように、そうした**本を読んでも**、**「人間の心」についての「知識」を学ぶだけに終わり、「深い智恵」を身につけることはできません。**

「人間の心」の動きを感じ取り、推察し、適切な言葉と行為で働きかける力とは、どこまでも、現実の経験を通じて摑むべき「深い智恵」であり、日々の仕事やビジネスの実践の中から摑み取るべきものです。

では、どうすれば、日々の仕事やビジネスの実践の中から、そうした「深い智恵」を摑むことができるのでしょうか。

実は、誰にでもできる一つの技法があります。それが、「**第3の技法**」、

会議では、参加者の「心の動き」を深く読む

という「**心理推察の技法**」です。

相手の言動の「奥」にあるものを想像する

すなわち、**日々の商談や交渉、会議や会合において、顧客や交渉相手、会議参加者や会**

合相手の発言や表情、仕草や雰囲気の奥にある「心の動き」を推察し、想像し、深く読む

という修練をすることです。

例えば、一つの会議が終わった後、

「先ほどの会議では、最後に吉田さんが何か言いたそうにしていたけれど、山田さんの強い主張で言葉を飲み込んだのではないだろうか。何が言いたかったのだろうか。意見を求めてあげるべきだっただろうか」

と考えることや、

「さっきの会議で、山口さんは、意見を求めても、『特に、異存はありません』と言っていたけれども、あの口調からすると、本心は、この進め方に批判的な意見を持っているのではないだろうか。後で、どのようにフォローすべきだろうか」

と考えることです。

また、一つの商談が終わった後、

「先ほどの商談では、こちらの提供サービスの説明に対して、あのお客様は、ただ頷いていたけれども、あの表情からすると、説明が分かりにくかったのではないだろうか。たしかに、このサービスの契約は、分かりにくい面があるけれども、もっと分かりやすく説明するには、どうすればよいだろうか」

と考えることや、

「さっきの商談では、こちらが提示した見積書を見て、お客様は、少し眉を曇らせたように見えたけれど、やはり、今回の見積りを見て、予想よりも高いと感じたのではないだろうか。仕様を変えての再見積りを、早急にお送りしておくべきだろうか」

と考えることです。

そして、この「心理推察の技法」を身につけていくと、さらに深い心理まで分かるようになってきます。

例えば、

「先ほどの会議では、松本課長が井上課長の企画案に、理路整然と反対をしていた。たしかに、松本課長の反対の論旨そのものは全く妥当な指摘なのだけれども、どうも、あの表情を見ていると、先月、井上課長の反対で松本課長の企画案が潰されたことへの意趣返しのようなものを感じる」

という心理推察や、

「さっきの企画会議で、木村さんの企画案を、岡本課長が『この企画、面白いじゃないか！』と褒めていたけれども、同期の清水さんの雰囲気を見ていると、木村さんが褒められれば褒められるほど、課長から『清水も、もっと良い企画を考えてこい！』と言われているような心境になっているのではないだろうか」

といった心理推察ができるようになってきます。

このように、日々、仕事をしていると、社内、社外で、幾つもの会議や会合、商談や交渉がありますが、大切な心得は、そうした場において、表面的な「議論の流れ」だけに目を奪われるのではなく、会議参加者や会合相手、顧客や交渉相手の発言や言葉遣い、眼差しや表情、仕草や雰囲気に注意を払い、その背後にある一人一人の「心の動き」を敏感に感じ取り、その「心理」を推察するという習慣を持つことです。

そうした習慣を持つことによって、我々の「心の動き」を推察する力は、大きく高まっていき、プロフェッショナルとしての能力も、確実に高まっていきます。

しかし、ここで一つ、我々が理解しておくべきことがあります。

ビジネスを動かしているのは、生々しい「感情」である

それは、**人間とは、ある面で、「理性的な存在」ではなく、「感情的な存在」である**ということです。

すなわち、人間の心には、物事を「理性的・理論的」に考え、判断をしていくという側面と、物事を「感情的・感覚的」に受け止め、判断してしまうという側面があります。

そして、人間の理性と感情、理論と感覚、さらには人間の心の表と裏が混然一体となって物事を動かしていくのが、ビジネスの世界の生々しい現実に他なりません。

例えば、まとまりかけた商談において、営業担当者の何気ない一言や、何気ない行為で、顧客が気分を害し、商談が壊れることなど、決して珍しくありません。

最も厳しい例を挙げれば、顧客との一対一の商談のとき、顧客が熱心に商品についての質問をしている最中に、自分の携帯電話のメールを見るといった行為が、顧客の心の中に、「この営業担当者は、自分を軽んじている」という負の感情を生み、商談が流れるということも現実には起こります。

現在のように、携帯電話やスマートフォンが常時使われる時代においても、こうした細やかな配慮をするということは、営業プロフェッショナルをめざす人間にとっては、大切な心得になります。

いずれにしても、この「人間は、ときに、極めて感情的な存在である」ということは、「心理推察の技法」を身につけるとき、我々が、心に刻んでおくべきことでしょう。

「自分の心」こそが、最高の教材になる

では、「人間は感情的な存在である」ということを、我々は、何によって学んでいくのでしょうか。

その一つの技法は、言うまでもなく、この第3話で述べた「心理推察の技法」です。

この技法によって、会議や会合、商談や交渉の場で、会議参加者や会合相手、顧客や交渉相手の「心の動き」を推察しながら見ていると、表面的に冷静さを装っていても、その奥で、様々な感情が蠢《うごめ》いていることが分かってきます。そして、様々な形での人間の「感

情の動き」を学ぶことができます。

しかし、この「人間の感情の動きを学ぶ」という意味では、実は、もっと大切な技法があるのです。

それは、「自分の心」を見つめることです。

仕事や生活の様々な場面において、自分の心の中で、他人の言動によって感情が大きく動いたとき、その状況と感情の動きを、しっかりと見つめておくことです。

例えば、社内会議において、一生懸命に自分の意見を述べたとき、その話が終わった瞬間、言葉をかぶせるように発言を始める同僚を見て、自分の意見を無視されたように思い、不愉快に感じたとします。

また、例えば、商談において、こちらが時間をかけて作っていった提案書を、顧客が、何気なく、ぽんと机の上に投げ出した姿を見て、その提案書の価値を一蹴されたように思い、内心、残念な気持ちになったとします。

実は、こうした「**負の感情が動いた経験**」こそが、「人間の心」についての学びを深めてくれるのです。こうした**自分自身の経験と、そこで味わった感情こそが、人間の心の中では、どのような場面で、どのような感情が動くのか、その「心の機微」**を学ぶ、**かけがえのない機会となる**のです。

「下積みの時代」を経験しないことの不幸

もし、そのことを理解するならば、昔から語られる、あの言葉は、大切なことを教えてくれていることが分かります。

「**若い頃の苦労は、買ってでもせよ**」

正直に言えば、未熟であった若い時代の私は、こうした言葉を聞くと、内心、反発を感じていましたが、永い年月を歩み、いまは、やはり、この言葉は真実であったと思います。

たしかに、まだ社会的地位も高くない若い時代、いわゆる「**下積みの時代**」には、生活においても、仕事においても、様々な苦労があります。

もとより、誰であっても、そうした苦労は少ない方が良いと思うのが人情ですが、いずれ、若い時代には、下積みであるがゆえに、色々な苦労があります。

そうであるならば、**人生を分けるのは、そうした苦労の経験から何を学んだか**でしょう。

人によっては、苦労の経験が、単に「思い出したくもない経験」になる人もいます。

一方、苦労の経験から、「ああ、人間は、こんな風に扱われると、こんな気持ちになるのか」「ああ、人は、こんな言葉を投げかけられると、こんな思いを抱くのか」といった人間の「心の機微」を学ぶ人もいます。

それは、決して楽ではないことですが、もし我々が、そうした苦労の経験を、人間の「心の機微」を学ぶ、かけがえのない機会として受け止め、その学びを深めていくならば、いつか、我々は、周りの人々から、こう評される人間へと成長していけるでしょう。

「あの人は、どうして、あんなに人の気持ちが分かるのだろうか……」

昔から、世の中では、人を評するに、２つの言葉が使われてきました。

それは、「**苦労人**」**という言葉**と、「**苦労知らず**」**という言葉**です。

そして、いまも、職場の片隅で、こうした言葉が交わされています。

「あの人は、色々な苦労をしてきた『苦労人』だから、我々の気持ちを分かってくれるんだな……」

「あの人は、順風満帆の人生を歩んできた『苦労知らず』だから、人の気持ちが分からないんだな……」

すなわち、「**他人の心**」**が分かるということは、単に書物で学ぶ**「**心理学**」**の問題や**「**人間学**」**の問題ではない**のです。

それは、人生や仕事における様々な苦労を通じて、様々な「負の感情」を味わい、「自分の心」を見つめてきた人間こそが身につけることのできる、かけがえのない能力なのです。

【感情の壁】　感情に支配され、他人の心が分からない

【心理推察の技法】　会議では、参加者の「心の動き」を深く読む

第4話

「我流」に陥り、優れた人物から学べない

我流の壁

私淑の技法

「師」を見つけ、同じ部屋の空気を吸う

「自分なりのやり方」という言葉の危うさ

この第4話は、私の失敗談から話を始めましょう。

大学時代、友人たちと、スキーを習っていたときのことです。

仲間のY君は、大学に入ってからスキーを覚え始めたため、スキー・コーチのアドバイスを素直に聴き、ストックの使い方、エッジの利かせ方、体重移動のタイミング、膝の使い方など、一つ一つ、基本を学んでいました。

一方、私は、中学校時代から、多少、スキーを経験していましたので、我流ではありましたが、それなりに斜面を滑れる状態でした。

また、高校時代にサッカーで鍛えた体力と運動神経があったので、急な斜面を滑るとき、斜面にコブがあっても、そのコブを体力と運動神経に任せて、多少体勢を崩しつつも、ポンポンと飛び越しながら滑っていました。

しかし、その私の滑り方を見ていた、ある年配のスキー・コーチが、私に、こうアドバイスをくれました。

「君は、スキーの基本をしっかりと覚えた方が良いよ。いまは、こうした軽い雪のコンディションだから、そうした滑り方でも、体力任せで何とか滑っていけるけれど、ひとたび重い新雪になったら、君の滑り方では、全く滑れなくなるだろう。いまのうちに、スキーの基本をしっかりと身につけた方が良いな」

そのコーチの言葉には、それなりの重さを感じながらも、当時の私には、「スキーが上手くなりたい」という強い思いも無かったので、その言葉を聞き流して、基本を身につけることなく、我流で滑っていました。

しかし、そのコーチの予見通り、数日後、雪が降り、ゲレンデが重い新雪になった途端に、上手く滑ることができなくなり、コブのところで転び続けることになりました。

一方、大学からスキーを始めたY君は、コーチに教わった基本をしっかり身につけたため、見事に上達し、2シーズンも経たないうちに、私よりも遥かに上手いスキーヤーになりました。

これは、私の若い頃の失敗談ですが、幸い、これはスキーの世界での話でした。
しかし、ビジネスの世界でも、こうした私の失敗と同じ壁に突き当たる人がいます。
それが、「第4の壁」、

「我流」に陥り、優れた人物から学べない

という「**我流の壁**」です。

そして、**ビジネスの世界でも、それなりに優秀で、器用な人ほど、こうした壁に突き当たる傾向があります。**

仕事の速い「器用な人」ほど、実は危ない

実際、仕事の仕方を見ていると、たしかに、器用でもあり、優秀なのですが、どこか危

うさを感じさせる人がいます。

日常業務では、仕事も速く、そつも無いため、周囲からは優秀との評価を得ているのですが、例えば「報告・連絡・相談」という情報共有の基本やスケジュール管理の基本を身につけていないため、危うさを感じるタイプです。

こうした人は、「自己流」「我流」で仕事をしており、「仕事の基本」をしっかりと身につけていないため、いざ、何かトラブルが起こったときには、トラブル対応の基本動作ができず、しばしば、問題に正しく対処できなくなることがあります。

逆に言えば、一流のプロフェッショナルは、どれほど華麗なプレゼンスキルや営業テクニックを披露しても、その奥で、しっかりとした基本を身につけています。そのため、見ていて「安定感」と「安心感」があるのです。

では、こうした一流のプロフェッショナルは、どこで、そうした「**仕事の基本**」を学んだのでしょうか。

学ぶべき人物を「見つける」ことは、一流への王道

それは、決して「**仕事マニュアル**」によってではありません。

では、何か。

「**師匠**」です。

それゆえ、一流のプロフェッショナルは、自身のキャリアを語るとき、例外無くと言って良いほど、次のような言葉を語ります。

「私の今日あるのは、若い時代に巡り会った、あの人のお陰です。私にとって、仕事の師匠は、あの人でした。あの師匠からは、本当に色々なことを学ぶことができました」

郵 便 は が き

料金受取人払郵便

渋谷局承認

5641

差出有効期間
2019年12月31
日まで
※切手を貼らずに
お出しください

150-8790

130

〈受取人〉
東京都渋谷区
神宮前 6-12-17
株式会社ダイヤモンド社
「愛読者係」行

フリガナ		生年月日		男・女
お名前		T S H 年 月 日生	年齢 歳	
ご勤務先 学校名		所属・役職 学部・学年		
ご住所（自宅・勤務先）	〒 ●電話 （ ） ●FAX （ ） ●eメール・アドレス （ ）			

◆本書をご購入いただきまして、誠にありがとうございます。
本ハガキで取得させていただきますお客様の個人情報は、
以下のガイドラインに基づいて、厳重に取り扱います。

1, お客様より収集させていただいた個人情報は、より良い出版物、製品、サービスをつくるために編集の参考にさせていただきます。
2, お客様より収集させていただいた個人情報は、厳重に管理いたします。
3, お客様より収集させていただいた個人情報は、お客様の承諾を得た範囲を超えて使用いたしません。
4, お客様より収集させていただいた個人情報は、お客様の許可なく当社、当社関連会社以外の第三者に開示することはありません。
5, お客様から収集させていただいた情報を統計化した情報（購読者の平均年齢など）を第三者に開示することがあります。
6, お客様から収集させていただいた個人情報は、当社の新商品・サービス等のご案内に利用させていただきます。
7, メールによる情報、雑誌・書籍・サービスのご案内などは、お客様のご要請があればすみやかに中止いたします。

◆ダイヤモンド社より、弊社および関連会社・広告主からのご案内を送付することがあります。不要の場合は右の□に×をしてください。 不要 □

①本書をお買い上げいただいた理由は？
（新聞や雑誌で知って・タイトルにひかれて・著者や内容に興味がある　など）

②本書についての感想、ご意見などをお聞かせください
（よかったところ、悪かったところ・タイトル・著者・カバーデザイン・価格　など）

③本書のなかで一番よかったところ、心に残ったひと言など

④最近読んで、よかった本・雑誌・記事・HPなどを教えてください

⑤「こんな本があったら絶対に買う」というものがありましたら（解決したい悩みや、解消したい問題など）

⑥あなたのご意見・ご感想を、広告などの書籍のPRに使用してもよろしいですか？

1　実名で可　　2　匿名で可　　3　不可

※ご協力ありがとうございました。

「あの師匠は、本当に仕事に厳しかったですね……。あの時代に、『仕事の基本』を徹底的に叩き込まれました。しかし、そのお陰で、ここまで来ることができました」

「あの師匠は、仕事では、鬼でした。修業は辛かったですが、お陰で、プロフェッショナルとして必ず身につけるべき『仕事に対する厳しい姿勢』を学ぶことができました」

分野を問わず、職業を問わず、一流のプロフェッショナルは、誰もが、若き日に、こうした「師匠」を持っており、口々に、このようなエピソードを語ります。

逆に、若き日に「仕事の基本」を教えてくれる師匠と巡り会うことが無ければ、多くの場合、我々の仕事のスタイルは、「自己流」や「我流」に流されてしまいます。

実は「基本的なこと」こそ、「人」からしか学べない

こう述べると、あなたは、「そうは言っても、仕事の基本は、『仕事の基本マニュアル』

を読めば、身につくのではないか」と思われるかもしれません。

たしかに、世の中には、『新入社員が身につけるべき基本マナー』『新入社員のための仕事の進め方』といった本が数多くあり、また、企業でも新入社員に対して、「新人研修」などで、そうした基本マナーや仕事の進め方などは教えています。

しかし、ここで述べる「仕事の基本」とは、そうした本や研修で学べる初歩的なものではありません。

敢えて言えば、それは、「**仕事の基本の心構え**」とでも呼ぶべきものであり、身近にいる**優れたプロフェッショナルの仕事に取り組む姿勢を見て**「**体得**」**するしかない**ものです。

私自身、「はじめに」で述べたように、初めて実社会に出たとき企画営業の部署に配属になりましたが、顧客に対する「仕事の基本の心構え」は、傍にいる優れた上司の日々の電話応対を耳で聴くことによって、実に多くのことを学ぶことができました。

例えば、顧客に対する細やかな心配り、誰に対しても変わらぬ温かい雰囲気、クレームに対する真摯な対応、ときおり会話に交えるユーモア、電話を切るときの残心など、マニュアル本や研修などでは決して学べない、呼吸やリズム、ニュアンスや余韻などを、この優れた上司の生の言動を通じて、体で掴むことができました。

当時の私が働いていた職場は、大部屋であり、私は、この上司の隣の席に座っていました。そのため、日々、自席で仕事をしながら耳に入ってくる、この上司と顧客とのやり取りは、営業という仕事の基本的心構えを学ぶには、絶好の教材でした。

しかし、ある日、あるメンバーの転属で、その上司から少し離れた席が空いたのです。すると、その上司は、優しい心遣いで、私にこう言ったのです。

「君のその席は、狭いので仕事がやりにくいだろう。あちらに、両袖のある広い席が空いたから、移ってはどうか」

私は、その上司の温かい心遣いには感謝しましたが、即座に、こう答えました。

「いえ、この席で、結構です」

その理由は、明らかでした。私は、この上司の顧客との電話でのやり取りを横で聞くという、貴重な学びの機会を失いたくなかったからです。

このように、「仕事の基本」というものは、本来、その「心得」や「心構え」、「心の姿勢」や「心の置き所」といったものを含め、身近に優れたプロフェッショナルを見つけ、その人物を「師匠」として学ぶべきものと思います。

マニュアル本だけで学ぶ若手の「身のこなし」が悪い理由

逆に、例えば、ただマニュアル本などで名刺交換の基本マナーを学んだだけの若手ビジネスパーソンは、名刺交換において大切な「心の動き」が伴っていないため、たしかにマニュアル通りの手順で名刺を交換しているのですが、横で見ていて、動作がぎこちなく、いわゆる「**身のこなし**」**の悪い**名刺交換になってしまいます。

そして、この「優れたプロフェッショナルを師匠として学ぶ」ということは、名刺交換の様な初歩的なことだけでなく、報告・連絡・相談の仕方や会議の進め方などから始まり、企画の立て方や商談の進め方にいたるまで、「仕事の基本」を学ぶためには、すべてにおいて大切なことです。

従って、優秀であり、器用でありながら、仕事のスタイルが「自己流」「我流」であるため成長が壁に突き当たってしまう人は、身近に優れたプロフェッショナルを見つけ、その人物を「師匠」として、「仕事の基本」を学ぶ必要があります。

そして、もし、**この師匠が一流のプロフェッショナルならば、「仕事の基本」にとどまらず、我々は、さらに「仕事の高度な技術や心得」を学び、ときに、「仕事の奥義」を学ぶことさえできる**のです。

優れた人から学ぶための「7つの心得」

しかし、こう述べると、あなたは、「いまどき、師匠を見つけるとは、古臭い考えではないか」と思うかもしれません。

たしかに、昔と違って、身近にいる優れたプロフェッショナルに対して、もし、「あなたが私の師匠です。弟子入りさせてください」などと申し出るならば、相手も戸惑うでしょう。

従って、この現代において「師匠」から学ぶには、「**第4の技法**」、

「師」を見つけ、同じ部屋の空気を吸う

という「**私淑の技法**」を身につける必要があります。

「私淑」とは、**身近に優れたプロフェッショナルを見つけ、この人物を、心の中で「師匠」と思い定め、その人物の仕事を間近で見ることによって、「職業的な智恵」を深く学ぶこと**です。

では、この「私淑」をするためには、具体的に、どのような心得が求められるのでしょうか。

ここでは、実行すべき順番に、「**7つの心得**」を述べておきましょう。

【第1の心得】優れたプロを見つけ、心の中で「師匠」と思い定める

第1の心得は、言うまでもなく、「**師匠を見つけ、私淑する**」ことです。

すなわち、自分の職業分野で、優れたプロフェッショナルを見つけ、その人物を「この人が私の師匠だ」と心の中で思い定め、その人の仕事の技術、すなわち、スキルやセンス、テクニックやノウハウを意識的に観察し、密かに学ぶことです。

しかし、ここで、最も大きな問題は、どのようにして「私淑」する「師匠」を見つけるかということです。

もしかして、あなたは、「残念ながら、自分の仕事の上司からは、あまり学ぶことが無

い」と思っているかもしれません。

しかし、その「師匠」は、必ずしも、自分の仕事の直属の上司や先輩である必要はありません。それは、隣の部署のマネジャーやリーダーでも、仕事で付き合いのある提携企業のプロフェッショナルでも良いのです。

いや、場合によっては、こちらが仕事を発注する業者の中に、「師匠」がいるかもしれません。

実際、私が新入社員の頃、情報処理の仕事を発注していた会社の営業担当者は、年配の人物でしたが、いつも柔らかい物腰で顧客対応をする一方で、信頼感のある仕事をする、見事なプロフェッショナルでした。

そのため、私は、この担当者に仕事を発注し、一緒に仕事をする中で、営業プロフェッショナルとして、言葉にならない深い智恵を学ぶことができました。

もとより、それは、私自身、「7年遅れのランナー」であったため、「研究マインド」によって、周りのプロフェッショナルから、色々なことを貪欲に学ぼうとしていたからでもありました。しかし、いずれ、**「私淑」において大切なことは、謙虚に誰からも学ぼうと**

いう姿勢かと思います。

けれども、私が、この「師匠」や「私淑」の話をすると、優秀な若手ビジネスパーソンの中には、ときおり、「私の周りには、優れたプロフェッショナルがいないのです」と嘆く人がいます。その気持ちも分からなくはないのですが、一度、謙虚な気持ちで、周りを見渡すと、「一芸」に優れた人物は、必ずいると思います。

なぜなら、何十年かの歳月を振り返って、一つ、残念に思うことがあるからです。

私自身は、最初に仕えた上司の営業課長が、「営業の達人」とでも呼べる人であったことから、この人に「私淑」し、先ほどの電話応対から始まり、実に多くのことを学ばせてもらったと思っていますが、そして、それが、私のプロフェッショナルへの道を拓いてくれたと感謝していますが、当然のことながら、この上司の部下であったのは、私だけではありませんでした。

では、この営業課長の部下であった同僚が、皆、この課長の技術や心得を学び、プロフェッショナルとして成長していったかと言えば、残念ながら、そうではありませんでした。

私が、この営業課長から学ぶことができたのは、決して、私が優秀だったからではありません。ただ、「7年遅れのランナー」として、周りに優れた人物を見つけ、その人物から学ばなければという思いが強かったからかと思います。

作家の吉川英治が「我以外、皆、我が師」という言葉を残していますが、それは、周りに優れた人物を探し、「私淑」をするときの、大切な心構えかと思います。

そうした謙虚な心構えが無ければ、周りに、どれほど優れたプロフェッショナルがいても、気がつかないで終わることさえあるでしょう。

そして、それは、多くの場合、「優秀な人」が陥る落し穴でもあるのです。

【第2の心得】 師匠の「すべて」ではなく、「優れた一芸」を学ぶ

第2の心得は、「**師匠からは、一芸を学ぶ**」ということです。

なぜなら、「師匠」というと、あなたは、「プロフェッショナルとしてだけでなく、全人的に尊敬できる人物」をイメージされるかもしれないからです。

たしかに、そうした人物がいれば、躊躇なく「私淑」をされるべきと思いますが、現実には、そうした、「全人的に尊敬できる人」に巡り会うことは希なことかもしれません。誰であろうとも、「人間としての短所」はあるからです。そして、プロフェッショナルとしても、「すべての技術において優れている人」を見つけることは容易ではありません。

従って、この「私淑」において大切なことは、「一芸」を学ぶという心構えです。

仮に、「全人的に尊敬できる人」でなくとも、また、「すべての技術において優れている人」でなくとも、ある人物が、一つ、優れたスキルを持っていると感じたならば、「この人からは、このスキルを、徹底的に学ぼう」という姿勢で、具体的な学びの課題を定め、その一つのスキルを掴んでいくことです。

また、仮に、その人物が、「色々な優れた技術を持っている人」であったとしても、大切なことは、その人物から、**具体的に、どのスキルを掴みたいのか、どのノウハウを学びたいのか、という問題意識を明確にする**ことです。

その人物が、どれほど優れたプロフェッショナルであっても、「この人から、色々と学びたい」というような抽象的な願望だけでは、スキルやノウハウを学ぶことはできません。

従って、「私淑」においては、「この人のプレゼンスキルを学ぼう」「この人の企画センスを学ぼう」「この人の営業テクニックを学ぼう」「この人の交渉ノウハウを学ぼう」という形での具体的な目標が不可欠です。

そして、この「**一芸を学ぶ**」とき、**大切なことは、その人物を**「**好きになる**」**こと**です。

なぜなら、優れたスキルやセンスを持つプロフェッショナルは、しばしば、「クセ」があるからです。

例えば、しばしば見受けるのが、「押しの強い営業課長」や「辛口の企画課長」などです。「たしかに、営業スキルは見事だけれど、あの押しの強さが、どうも好きになれない」

「たしかに、企画センスは抜群なのだけれど、あの辛口は、あまり好きではない」と感じさせるプロフェッショナルです。

しかし、もし、我々が、そうしたプロフェッショナルから「一芸」を学ぼうと思うならば、やはり、その人物を「好きになる」ことが大切です。

なぜなら、不思議なことに、**心の奥で、「この人は、好きになれない」と思っていると、その潜在意識が邪魔して、その人のスキルやセンスを掴むことができない**からです。

しかし、この「**人を好きになる**」**ということは、実は、優秀な人ほど、なかなかできない**ことでもあります。

なぜなら、優秀な人ほど、心の中に「自分は、欠点の無い、優れた人間でありたい」という願望を抱いているからです。

もとより、その気持ちがあるからこそ、仕事においても努力し、周囲から「優秀」という評価を得ているのですが、問題は、その気持ちが自分自身に向くのではなく、しばしば、周りの他人に対しても、「欠点の無い人間」であることを求めてしまうことです。

そのため、優秀な人ほど、周りの他人の欠点がよく見えてしまい、心の中で、「あの人は、これが欠点だ」「この人は、ここが問題だ」といった批判的な思いを抱いてしまうのです。

それが、優秀な人ほど、「人を好きになる」ということができない理由であり、それが、しばしば、「私淑の技法」を実践するときの心理的障害になってしまうのです。

従って、周りから「優秀」と評価される人は、ときに、自分自身の心の中に、こうした傾向が無いかどうかを、自省してみる必要があります。

【第3の心得】 本当に「心が動かされた」ことだけを学ぶ

第3の心得は、「**修得するのではなく、感得する**」ということです。

本書では、「智恵の修得法」という言葉を使い、いかにして「職業的な智恵」を摑むかということを語ってきましたが、実は、我々が本当に「智恵を摑む」ときは、正確に言えば、「感得」と呼ぶべき状態になります。

例えば、ある優れたプロフェッショナルの話術を学ぼうと思って、その話術を傍で見ているとします。そのとき、そのプロフェッショナルが、見事な話術を披露した瞬間、我々の心は大きく動きます。

「なるほど、この呼吸か！」と思わず膝を叩きたくなったり、「うーん、見事な言葉遣いだ！」と唸りたくなります。

そして、この瞬間に、我々は、そのプロフェッショナルの話術のスキルの一端を摑んでいるのです。

すなわち、我々が**「職業的な智恵」を摑む瞬間というのは、感動や感嘆、感激や共感などの形で、必ず、大きく心が動く**のです。そして、これが**「感得」した瞬間**です。

逆に言えば、優れたプロフェッショナルの披露する「高度な技」を見て、ただ、冷静に観察し、論理的に分析するだけの人は、実は、あまり、その「智恵」を摑めないのです。言葉を換えれば、「感動の無い人」は「智恵」を摑めないのです。

実は、「**高学歴**」**という意味で優秀な人が**、**しばしば**、「**職業的な智恵**」**を摑めない**のは、ここにも、一つの原因があります。

すなわち、「学歴的に優秀な人」の中には、偏差値教育によって「論理的思考力」を高度に磨いてきた半面、「豊かな感性」や「感動する心」をバランス良く涵養してこなかったため、この「体得」ができない人がいるのです。

優れたプロフェッショナルの高度な技を、どれほど間近で見ても、その技に感動することがないため、その技の奥にある「目に見えない心の動き」を感じ取り、摑むことができないのです。

しかし、もし、我々が、「何としても、この技を学びたい」という強い思いを心に抱き、師匠の技を間近で見るならば、自然に、心に感動が生まれます。

その意味で、「**私淑**」**において我々に問われるのは**、「**求めてやまぬ心**」**を抱いているか否かでもある**のです。

【第4の心得】「自分」を見つけるために、「師匠」を徹底的に真似る

第4の心得は、「**真似ることを通じて、自分の個性を掴む**」ということです。

昔から、「**学ぶ**」**とは、**「**真似ぶ**」**こと**と言われてきました。

従って、師匠から技術を学ぼうとするならば、自然に、まず、その技術を真似ることから始まります。

しかし、ただ真似ただけで、その師匠のスキルやテクニックが身につくわけではありません。ほとんどの場合、「**猿真似**」という状態になってしまいます。

では、師匠の持つスキルやテクニックを「真似る」ということの本当の意味は、何か。

それは、「**真似をして、真似できないもの**」を知ることです。

例えば、ある若手ビジネスパーソンが、見事なリズム感でプレゼンテーションをする先輩を見て感銘を受け、そのプレゼンテーションのスタイルを真似したとします。

しかし、多くの場合、そうして真似をしても、「猿真似」になってしまうでしょう。

では、なぜ、「猿真似」になってしまうのか。

「**個性」が違う**からです。

その若手ビジネスパーソンが、どれほど、その先輩を師匠と思い、そのプレゼンテーション・スタイルを真似しても、その先輩と、彼とは、やはり基本的な「個性」が違うため、「様にならない」のです。「猿真似」になってしまうのです。

しかし、この若手ビジネスパーソンは、先輩のプレゼンテーション・スタイルを「真似」しようと思って「猿真似」になってしまうという失敗を通じ、その先輩と自分との「個性」の違いに気がつき、自分の「個性」に気がついていくのです。

従って、その若手ビジネスパーソンが、そうした試行錯誤を通じて最後に摑むプレゼン・スタイルは、彼の「個性」に合ったプレゼン・スタイルであり、それは、先輩のリズム感の良いプレゼン・スタイルではなく、むしろ、静かだが信頼感のある話し方というスタイルや、温かい人柄が伝わるほのぼのとしたスタイルになっていくかもしれません。

すなわち、「私淑の技法」においては、この「真似ることを通じて、自分の個性を摑む」

ということを大切にするべきでしょう。

ちなみに、私自身も、自分の上司であった営業課長に「私淑」し、この人物の営業スタイルを学ぼうと思っていた時代には、同僚から「最近、営業課長にしゃべり方が似てきた」と言われました。それは、まだ「真似ぶ」の時代だったからです。

しかし、その課長の部下として修業する時代を終えた後は、急速に、自分らしい個性的なスタイルが開花していきました。

【第5の心得】「個々の技」ではなく、「技の全体像」を掴む

第5の心得は、「**師匠からは、個別の技術だけでなく、全体バランスを学ぶ**」ということです。

私淑した師匠から、その技術を学ぼうとするとき、我々が犯してしまう過ちの一つが、師匠から「個別の技術」だけを学ぼうとしてしまうことです。

しかし、**優れたプロフェッショナルは、一つ、二つのスキルだけで、優れた能力を発揮しているわけではありません。様々なスキルやセンス、テクニックやノウハウが結びついた「全体バランス」で、見事な能力を発揮しているのです。**

例えば、力強いプレゼンテーションで聴衆をぐいぐい引っ張っていくタイプのプロフェッショナルは、「大柄で背筋の伸びた姿勢」「良く通る声」「信念に満ちた眼差し」「力強い身振り手振り」「印象的なスライド」「筋の通った説得力ある言葉」などの「全体バランス」で、見事なプレゼンテーションを実現しているのです。

従って、我々が、そうしたスキルの一つ、二つだけを取り出して学び、真似しても、決して、そのプロフェッショナルのようなパフォーマンスは、発揮できません。見事なプレゼンテーションは、「良く通る声」や「印象的なスライド」といった一つ、二つのスキルやテクニックだけで成功しているわけではないからです。

すなわち、もし我々が、このような「力強いプレゼンテーション」のスタイルを身につけたいのであれば、この「全体バランス」を学び、身につけていく必要があるのです。

そして、もし我々が、「小柄」で「あまり声の通らない声量」の人間であるならば、むしろ、「温かい眼差し」「聴衆を包み込むような仕草」「イメージを伝えるスライド」「深く問いかける言葉」などの全体バランスで、優れたプレゼンテーション技術を磨いていくべきなのです。

先ほど第4の心得で述べた、「真似ることを通じて、自分の個性を摑む」とは、まさにこうした意味であり、真似をしても、真似できないものを知り、そのことを通じて、自分の個性に最も向いた「全体バランス」を知り、身につけていくことでもあるのです。

そして、ここで例に挙げたプレゼンテーション力だけでなく、会議力、企画力、営業力など、どのような「職業的能力」においても、一流のプロフェッショナルは、様々なスキルやセンス、テクニックやノウハウを身につけており、その「全体バランス」で、優れた能力を発揮しているのです。

そのことを、我々は理解しておく必要があります。

【第6の心得】 同じ部屋の空気を吸い、「別の顔」からも学ぶ

第6の心得は、「**師匠とは、同じ部屋の空気を吸う**」ということです。

この言葉の意味は、単に「**師匠がプロの技を発揮している瞬間**」にだけ同席するのではなく、**日常の仕事や生活もできるだけ共にして、「同じ部屋の空気を吸う」ことが大切**だということです。

では、なぜ、「同じ部屋の空気を吸う」ことが大切なのか。

なぜなら、一流のプロフェッショナルは、優れた「技術」や「心得」を身につけているだけでなく、その奥に、優れた「人柄」や「人間性」を持っているからです。

従って、我々が、そのプロフェッショナルから本当に学ぼうと思うならば、その「**技**

術」や「心得」の奥にある「人柄」や「人間性」も、同時に、深く学ぶ必要があるのです。

では、その「人柄」や「人間性」を深く学ぶためには、どうすれば良いのか。

そのためにこそ、師匠と仰ぐプロフェッショナルとは、できるかぎり、日常の仕事や生活を共にして、「同じ部屋の空気を吸う」べきなのです。そのとき、そのプロフェッショナルの「人柄」や「人間性」が、日々の何気ない言動や所作を通じて伝わってくるのです。

例えば、そのプロフェッショナルの「力強いプレゼンテーション」の背後には、他人の意見に虚心に耳を傾ける謙虚な人柄があり、それがあるからこそ、このプレゼンが、「独善的なプレゼン」や「高圧的なプレゼン」に陥らないことを知ることができるでしょう。

また、例えば、そのプロフェッショナルの「聴衆を包み込むような話術」の背後には、周囲に細やかに気を配る人間としての優しさがあり、それがあるからこそ、この話術が、「聴衆に媚びた話術」や「演技過剰の話術」に見えないことを知ることができるでしょう。

このように、我々が、優れたプロフェッショナルを師匠として私淑し、その人物の「職業的な智恵」を本当に摑もうと思うならば、ただ「技術」や「心得」を学ぶだけでは不十分なのです。

「同じ部屋の空気を吸う」ことによって、その人物の、「人柄」や「人間性」をこそ、深く学ばなければならないのです。

そして、さらに言えば、「同じ部屋の空気を吸う」ことによって、**そのプロフェッショナルの持つ「人生観」や「人間観」を学ぶことができるならば、我々は、その「職業的な智恵」の奥にある、最も大切なものを摑むことができる**のです。

何度か述べたように、私が新入社員の時代に仕えた営業課長は、私にとって、営業プロフェッショナルとしての智恵を学ぶための優れた師匠でした。もとより、この課長と同席する商談や会議では、実に多くの技術や心得を学ぶことができましたが、この私淑の時代、私は、この上司から昼食に誘われたときは、どれほど忙しいときでも、一緒に食事をしました。

その昼食時間の大半は、仕事以外の雑談が多いのですが、そうした私淑の時代には、その上司が語る冗談まで、何か勉強になったような気がしたものです。

ある日、この上司が、昼食の最中、自身に言い聞かせるように、こう呟きました。

「大切なことは、Everyone must be happy everyday. なんだよ……」

この言葉を聞いたとき、理解しました。

なぜ、この上司が、いつも温かい雰囲気で周囲に接することができるのか。

「誰もが、毎日、幸せでなければならないんだ……」

その人生観、人間観が、この師匠のすべての技術や心得の背景にあったのです。

それは、私が、若き日に、その上司と「同じ部屋の空気を吸う」ことによって学んだ、大切な何かでもありました。

【第7の心得】 心の中に、最も厳しい「師匠」を育てる

最後の第7の心得は、「**自分の中に、最も厳しい『師匠』を育てる**」ということです。

我々が、人生で、どれほど優れた師匠に巡り会っても、いつか、別れるときがきます。どれほど長く私淑することができても、やはり、生涯にわたって師匠とともに歩むことはできないのです。

では、そのときまでに、我々は何を身につけるべきでしょうか。

自分の心の中に、誰よりも厳しい「師匠」を育てることです。

自分のプロフェッショナルとしての技術や心得を、いつも厳しい眼差しで見つめ、ときに厳しい声で指摘してくれる「師匠」を、心の中に育てておくことです。

それは、師匠と別れる時代がやってきた後も、一人のプロフェッショナルとして、そして、一人の人間として成長し続けていくために、極めて大切なことです。
もとより、一人の師匠と別れた後、別の師匠と巡り会うということもあります。
また、若い時代には、別の師匠を求めて歩むということも素晴らしい生き方です。

しかし、我々が、プロフェッショナルとしての道を歩み続けるならば、いずれ、歳を重ね、年長者となり、また、社会的に高い立場になっていくことがあります。
それは、身近に「厳しい師匠」がいない時代、もはや、誰も厳しいことを言ってくれない時代を迎えることでもあります。

そうした時代を迎えて、なお、成長していきたいと願うならば、やはり、我々は、自分の中に、「厳しい師匠」を育てておく必要があるのです。

序話で述べた、「実績」という落し穴に陥り、小成に安んじてしまう人とは、ある意味で、自分の中に「自分の姿を、厳しい眼差しで見つめ、ときに厳しい声で指摘してくれる師匠」を持っていない人とも言えます。

もとより、私自身は、いまだ修業中の人間ながら、幸い、若き日に、この「厳しい師匠」を心の中に育てることができ、それが、いまも、自分の姿を厳しい眼差しで見つめ、ときに厳しい声で指摘してくれます。

では、その「厳しい師匠」は、私の中で、いつ生まれたのか。

それは、大学院において、ある恩師に巡り会い、薫陶を受けた時代です。

実は、私は、工学部の大学院に進む前に、2年間、医学部の大学院で研究生として学びました。

その時代に師事したY教授が、まさに私の師匠でした。

この教授は、話術と文章の達人であり、研究者、教育者としても、素晴らしい方でしたが、弟子の指導には、極めて厳しい方でした。

例えば、学会発表の直前に、3回、リハーサルをやって臨んだのですが、思うように発表ができなかったとき、その教授は、「3回では少ない、10回、リハーサルをやりなさい」と言うような方でした。

また、話術についてだけでなく、文章についても厳しく、いい加減な文章を書いたレポートを提出しようものなら、叱責の言葉が飛びました。

しかし、この教授のお陰で、現在の私がいます。

いま、私が、ささやかながら、多くの方々の前で話をし、何冊もの著書を上梓するという道を歩めているのは、若き日の、この教授の薫陶のお陰です。

まさに、私は、この教授から、話術と文章術の「基本」を学びました。

しかし、2年間の医学部生活を終え、この教授の下を離れたとき、気がついたのは、私の心の中に、いつも、その教授がいることでした。それは、まさに、私の心の中にいる「厳しい師匠」でした。そして、この「厳しい師匠」が、それからの私のプロフェッショナルとしての道を導いてくれました。

例えば、私は、実社会に出て、企画営業の部署に配属になったと述べましたが、その部署の仕事で、翌日、顧客に提案する企画書を作成している深夜、一通り企画書を書き上げ、

「さあ、もう夜中の2時だ、これをコピーして上司の机に置いたら、帰って寝よう」と思うと、必ず、自分の心の中に、この「厳しい師匠」が現れるのです。そして、まさに、このY教授の声で、「その企画書、もう一度見直しなさい」と言うのです。

そして、有り難いことに、こうした場面では、必ず、「もう夜も遅いので帰りたい」という自分の声よりも、この「厳しい師匠」の声が勝つのです。

それが、現在に至る、私の企画プロフェッショナルへの道を拓いてくれました。

そして、こうして著書を執筆しているいまも、この「厳しい師匠」が、私の仕事を見守ってくれています。

この教授、そして、あの営業課長、私は、本当に、素晴らしい師匠との出会いに恵まれた人間と思います。

しかし、実は、誰もが、その人生において、素晴らしい師匠と出会っているのです。

人生の分かれ道は、そのことに気がつくか否かなのでしょう。

【我流の壁】「我流」に陥り、優れた人物から学べない

【私淑の技法】「師」を見つけ、同じ部屋の空気を吸う

第5話

人格の壁

つねに「真面目」に仕事をしてしまう

多重人格の技法

自分の中に「様々な自分」を育て、使い分ける

「優秀だけど、頭が堅い……」と言われてしまう人

さて、優秀な人がしばしば突き当たる「**第5の壁**」は、

つねに「真面目」に仕事をしてしまう

という「**人格の壁**」です。

こう述べると、あなたは、「真面目なら、良いのでは……」と思われるかもしれませんが、実際の仕事の世界では、「真面目で仕事ができる」だけでは壁に突き当たってしまうことがよくあります。

例えば、どの職場にも、「優秀だけれども、頭が堅い、融通が利かない」と言われるタイプの人がいるのではないでしょうか。

例えば、経理課の若手担当者、山崎さん。

真面目で几帳面。仕事は正確であり、お金を扱う部署だけに、上司の評価は、優秀とのことです。

しかし、先ほどから、営業課の池田さんと、もめています。

どうも、池田さんは、緊急の交際費支出の必要性が生じたので、今回にかぎり、社内ルールの例外扱いにして決裁してもらいたいとのことです。

しかし、懇願にも近い形で頼み込む池田さんに対して、山崎さんは、「とにかく、社内ルールに従ってください」の一点張りです。

困り果てた池田さん、「山崎さんは、頭が堅いな……」とぼやきながら、営業課に戻っていきました。


この経理担当の山崎さん、経理に関する知識と技能については、極めて優秀です。そして、今回の社内ルールの例外を認めるか否かについても、必ずしも間違った判断ではないでしょう。山崎さんの立場では、例外を認める権限はないからです。

しかし、この池田さんとのやり取りを見ていると、山崎さんは、ビジネスパーソンとしては、このままでは、なかなか成長していけないでしょう。そして、優れたプロフェッショナルになることは、難しいでしょう。

なぜでしょうか。

「真面目な人」を、褒め言葉だと思う危うさ

優れたプロフェッショナルは、自分の中に、様々な「人格」を持ち、それを、仕事の場面や状況に応じて、見事に使い分けるからです。

しかし、山崎さんは、この場面で、自分の中の「経理担当者人格」でしか対応していません。いや、対応できないと言うべきでしょうか。

では、山崎さんは、どう処するべきでしょうか。

たしかに、この場面で、山崎さんが「経理担当者人格」だけで処するならば、自分に権

限の無い「例外」を認めることはできないでしょう。従って、「認められません。社内ルールに従ってください」と言わざるを得なくなります。

しかし、もし、山崎さんの中に、もう少し視野の広い「マネジャー人格」が育っていれば、こうした場面では、その人格が前に出てきて、池田さんに対して、「自分には、例外を認める権限は無いけれども、そちらの営業課長からこちらの経理課長に話を通してもらえれば、何とかできると思います」といったアドバイスができたでしょう。

実は、世の中で、「頭が堅い」「融通が利かない」と言われるビジネスパーソンには、こうした山崎さんのようなタイプが多いのです。

目の前の状況に対して、一つの人格でしか対応できず、その場の状況に合わせて、柔軟に「適切な人格」で対応することができないタイプです。

しかし、もし山崎さんが、これから、ビジネスパーソンとして成長していこうと思うならば、自分の中に、「別の人格」を育てていかなければなりません。

なぜなら、例えば、新人が配属になり、その教育を任されたときには、山崎さんの中から「教育者人格」とでも呼ぶべきものが現れてこなければならないからです。

また、山崎さんが、経理課長に昇職したときには、自分の中から「マネジャー人格」が現れてこなければならないからです。

すなわち、現在の山崎さんが「経理担当者」として、どれほど優秀であっても、これから自分の中に、「教育者人格」や「マネジャー人格」を育てていかないかぎり、今後、ビジネスパーソンとして成長できず、活躍することもできないのです。

経営者は、必ず、幾つもの「顔」を使い分けている

こう述べると、あなたは、少し驚かれるかもしれませんが、実は、**一つの企業や組織で昇職していく人間は、立場が変わるにつれ、必ず、新たな立場で求められる「様々な人格」を身につけていきます。**その象徴的な例を紹介しましょう。

「はじめに」で述べたように、私は、30歳で、ある大手企業に就職し、実社会でのキャ

リアをスタートしましたが、この企業への入社を誘ってくれたのは、当時、この会社の取締役を務めていたA氏でした。

そして、有り難いことに、このA氏とは深いご縁を頂き、それから何年にもわたり、薫陶を受けました。

実際、このA氏は、「戦略思考のプロフェッショナル」とでも呼ぶべき人物であり、現在、私が身につけている実践的な戦略思考は、このA氏を「師匠」として私淑し、実学で学んだものです。

しかし、このA氏、ビジネススクール出身などではありません。もともとは、大学院で研究者の道を歩み、理学博士号を取得して、この会社に入社した人物であり、入社した後は、中央研究所の研究員としてキャリアをスタートさせた人でした。

けれども、その研究所では、室長になった時期から、「研究者人格」だけでなく、「リーダー人格」や「マネジャー人格」を身につけました。

そして、さらに、何年か後、社長から指名され、本社での新事業の事業部長になってからは「起業家人格」を身につけ、その後、常務になった時期からは「戦略家人格」、さらに、専務になった頃からは、堂々たる「経営者人格」を身につけ、最後は、副社長を経て、この企業の社長になりました。

このA氏の例は、決して、特殊な例ではありません。

企業の大小を問わず、そもそもジェネラル・マネジメントや経営という仕事そのものが、「様々な人格」が求められる仕事だからです。

例えば、全社員を集めた朝礼では、社員に対して、企業としての理念を語り、人としての生き方を語る「思想家人格」が現れ、午前中の経営会議においては、売上目標達成のために幹部を叱責する「現実主義者人格」が現れ、若手社員との昼食会では、優しく温かい「親父人格」が現れ、午後の戦略会議では卓抜な戦略を語る「戦略家人格」が現れる。

そのように、場面と状況によって「様々な人格」を使い分ける経営者は、決して珍しくありません。

むしろ、経営者は、誰もが、無意識に「色々な人格」を使い分けて仕事をしています。

優れたプロは、瞬間的に人格を切り替える

そして、それは、決して経営者だけではありません。どのような分野や職業であっても、優れたプロフェッショナルは、誰もが、自分の中に「様々な人格」を育て、身につけ、場面と状況によって使い分けています。

例えば、先日、私は、銀行の窓口に行って、少し煩雑な送金処理を依頼したのですが、その応対をした女性のベテラン銀行員は、見事なプロフェッショナルでした。

なぜなら、丁度そのとき、窓口では、新入行員への教育を兼ねて、このベテラン行員が、指導をしていたところだったからです。

そのため、最初、私の送金処理を担当したのは、その新入行員だったのですが、彼女の作業が手間取っているのを見ると、そのベテラン行員は、即座に、にこやかな笑顔で、私に、「いま、すぐに手続きを完了させますので」と言って、自分で端末の前に座り、手際よく処理を完了させました。しかし、その作業の要所では、新入行員に対して、少し厳しい雰囲気で、「この処理は、こうして行うのよ」と指導をしていました。そして、最後は、私に通帳を示し、その煩雑な送金処理について、「このようにご希望通り、送金されています」と丁寧に確認をしました。

これは、何気ない場面ですが、実は、このベテラン行員、プロフェッショナルとしての「人格の使い分け」を、見事に行っています。

まず、窓口での私に対する、にこやかな笑顔という「温かい人格」、新入行員に対して、しっかりとした指導をする「厳しい人格」、送金処理を正確に行い、私に丁寧に確認説明をする「几帳面な人格」。このベテラン行員は、その3つの人格を、見事に使い分けて仕事を進めていました。

このように、**優れたプロフェッショナルは、例外なく、自分の中に「様々な人格」を育て、それを場面や状況に応じて、使い分けています。**

「性格的に向いていない仕事」など存在しない

しかし、こう話を進めてくると、あなたは、少し戸惑いを感じるかもしれません。

「なぜ、自分の中に、様々な『人格』を育てなければならないのか。

自分の中に育てるべきは、様々な『才能』ではないのか」

その疑問です。

しかし、もし我々が、自分の中に眠る「才能」を開花させたいと思うならば、一つ、理解しておくべきことがあります。

「才能」とは「人格」である

そのことを、理解しておく必要があります。

すなわち、**一人の人間の中から一つの「才能」が現れてくるときには、必ず、その「才能」に見合った「人格」が現れてきているの**です。

そのことは、我々が、ビジネスパーソンとしての能力を論じるときに使う、次の言葉に象徴されています。

「彼は、性格的に、営業に向いていない」
「彼女の几帳面な性格は、経理向きだ」

このように、我々は、ある仕事についての「才能」があるか否かを、それに向いた「性格＝人格」があるかどうかで判断しています。

また、だからこそ、例えば、最初、性格的に向いていないと思われた新入社員が、それでも営業の世界に投げ込まれ、苦労しながらも営業の才能を開花させ始めると、上司は、次のような言葉を語るのです。

「彼も、だいぶ営業マンらしい面構えになってきた」

すなわち、我々の中から、一つの才能が表に現れてくるときには、必ず、その才能に見合った人格が表に現れてくるのです。

従って、優秀な人が突き当たる、

つねに「真面目」に仕事をしてしまう

という壁を乗り越える「**第5の技法**」は、

自分の中に「様々な自分」を育て、使い分ける

という「**多重人格の技法**」なのです。

4つのやり方で「新たな人格」を育てる

では、どうすれば、自分の中に「様々な自分」を育てることができるのでしょうか。

この「多重人格の技法」については、拙著『人は、誰もが「多重人格」』（光文社新書）において詳しく語りましたが、その要点を述べておきましょう。

まず、我々の中には、様々な「人格」が存在しているのですが、大きく分けて、「表層人格」「深層人格」「抑圧人格」の3つの状態で存在しています。

このうち、「**表層人格**」とは、仕事や生活の色々な場面で現れている人格ですが、日常生活では現れていながら、仕事のときには表に現れていない人格もあります。

また、「**深層人格**」とは、基本的に表に現れていない人格ですが、酒に酔ったときや、心理的技法によって、比較的容易に表に現れてくる人格です。

そして、「**抑圧人格**」とは、心の中で、その存在そのものを無意識に抑圧しているため、なかなか表に現れてこない人格です。

そこで、ここでは、まず、最も初歩的な、「表層人格」を観察し、育て、仕事の場面や状況に応じて使い分ける心得について述べましょう。

それは、次の「4つの**心得**」を、順次、実践することです。

【第1の心得】　自分の「仕事中の人格」を振り返る

第1の心得は、

自分が、いまの仕事に「どのような人格」で取り組んでいるかを、自己観察する

という技法です。

なぜなら、我々は、意外に、自分が、どのような「人格」で仕事に取り組んでいるかを知らないからです。

例えば、ある営業パーソンに、「あなたは、どのような人格で営業の仕事をしていますか」と聞いたとします。

こうした場合、しばしば返ってくるのが、「お客様の前では、できるだけ明るい性格で振る舞うようにしています」といった答えです。

この場合、この人は、「営業パーソンは、お客様に明るく応対」といった営業パーソン像を固定観念にしてしまっています。

しかし、もし、この人が「仕事のできる営業パーソン」であるならば、間違いなく、「明るい性格」だけでなく、「細やかな性格」でも仕事をしています。

その「細やかな性格」によって、お客様の何気ない表情を読む、言葉の奥の心の動きを感じ取るなどの「才能」を発揮しています。

そして、もし、この人が、営業プロフェッショナルとして一流の世界をめざすならば、「明るい性格」よりも、むしろ、この「細やかな性格」をさらに磨いていくことが王道なのですが、自分の中にある「細やかな性格」に気がつかないかぎり、この性格や人格を意識的に育てていくことはできません。

自分でも気がついていない「人格と才能」は、育てようがないからです。

では、職場において「自分で気がついていない人格」に気がつくためには、どうすればよいのでしょうか。

それが、第2の心得です。

【第2の心得】「プライベートでの人格」を、すべて洗い出す

第2の心得は、

自分が、仕事以外の世界で「どのような人格」を表に出しているかを、自己観察する

という技法です。

ここで、「仕事以外の世界」での人格とは、例えば、家族との関係、友人との関係、恋人との関係などで現れる人格ですが、それぞれの関係において、自分の中の「どのような人格」が表に出ているかを自己観察してみることです。

もし、それをすると、それぞれの関係において、かなり違った自分が表に出ていることに気がつくでしょう。例えば、実家に帰れば、親に甘える人格、友人との間では、冗談好きな人格、恋人との間では、少し気取ってしまう人格などです。

その自己観察を通じて、自分の中にどのような人格があるかを、一度、深く見つめてみると、自分の中に、色々な人格があることに気がつきます。

そして、その人格に気がつけば、それを仕事の世界で使うことができるようになります。

私の場合は、入社して企画営業の部署に配属されたわけですが、当初は、それまでの大学院生活での「研究者人格」で仕事をしていました。

しかし、ある日、昼食のとき、上司の営業課長が、笑いながら、私に教えてくれました。

「君は、真面目過ぎて、女子社員から近寄りがたいと言われているぞ……」

この一言で、気がつきました。自分は、大学院時代の「真面目な研究者」の人格で仕事をしていたことに。

しかし、幸い、私の中には、「話好きな、明るい人格」もありました。

それは、大学のクラブ活動での友人関係などにおいては、表に出していた人格でしたが、実社会の職場では、無意識に抑圧して、あまり表に出さなかった人格でした。

しかし、ひとたび、そうした「話好きな、明るい人格」が、こうした職場では大切な役割をすると気がついてからは、努めて、その人格を表に出すようにしました。すると、周囲との関係が、急速に、そして、大きく改善しました。また、こうした「話好きな、明るい人格」は、営業の仕事においても、大いに役に立ちました。

実は、私が、不慣れな営業の世界でプロフェッショナルの道を歩めたのは、「はじめに」において述べた「研究マインド」で仕事を研究したからでもありますが、もう一つは、この「多重人格の技法」を身につけ、実践したからです。

しかし、この技法を実践するとき、特に役に立ったのが、第3の心得でした。

【第3の心得】　優秀な人の「人格の切り替え」を学ぶ

第3の心得は、

優れたプロが、仕事で、どのように「人格」を切り替えているかを観察する

という技法です。

例えば、優れた企画プロフェッショナルは、必ず、自分が主宰する企画会議において、「人格の切り替え」を行っていますが、それを学ぼうと思うならば、その企画会議に参加し、そのプロフェッショナルが「人格」を切り替える瞬間を、注意深く観察することです。

すると、優れた企画プロフェッショナルは、会議の前半で表に出している人格と、後半で表に出している人格が、全く違った人格であることに気がつくでしょう。

なぜなら、企画会議には、「**始め民主主義、終り独裁**」という格言があるように、前半は、参加メンバーが自由にアイデアを出せるように、主宰者は、「そのアイデア、面白いね！」といった「激励モード」の人格を表に出す必要があります。

しかし、企画会議の後半から終りに向けては、少し発散気味に進んできたアイデア出しの雰囲気を切り替え、会議の結論を出し、企画をまとめていくために、「まとめモード」の人格が表に出てこなければなりません。

また、それ以外にも、「そのアイデア、面白いけれど、この場合には、どうなる？」といった「突っ込みモード」の人格や、「うーん、こんなアイデアしか出ないのか……」という「辛口モード」の人格など、色々な人格が表に出てきます。

従って、企画会議に同席し、優れた企画プロフェッショナルの姿を見ていると、こうした色々な人格の出し方や、その切り替え方など、多くのことを学ぶことができます。

このように、企画でも、営業でも、どのような分野や職業であっても、優れたプロフェッショナルと一緒の会議や会合、商談や交渉に出て、その人が「人格の切り替え」を行う瞬間を、注意深く観察することが、この「多重人格の技法」においては、極めて重要です。

しかし、実は、その学びをするために、「一緒の会議に出る」という以上の技法があるのです。

なぜ、「かばん持ち」を経験した人が、飛躍的に成長するのか

それは、「かばん持ち」をすることです。

特に、**優れた経営者や起業家、マネジャーやリーダーの「かばん持ち」をすることは、この「人格の切り替え」を学ぶ、極めて有効な方法**です。

こうした人々は、日々の仕事において、意識的にも、無意識的にも、自分の中にある「複数の人格」の切り替え、すなわち「**多重人格のマネジメント**」を行っています。

そのため、優れた経営者や起業家、マネジャーやリーダーの「かばん持ち」を務めながら、その姿を、一日、傍から見ていると、大変、勉強になるのです。

私自身、先ほど述べたA氏が専務であった当時、その「かばん持ち」として、海外出張などに何度も随行する機会がありました。

その「かばん持ち」をしながら、一日、行動を共にしていると、そのA専務の中に、「辣腕の経営者」や「天性の社交家」という人格を始め、「卓抜な戦略家」「深い思想家」「幅広い趣味人」「敬虔な信仰者」など、幾つもの人格があり、それらが自然に切り替わっていく姿を見ることができました。

そして、この経験が、私にとって、自分の中に眠る「様々な人格」に気がつき、それを意識的に育てていこうと考える契機になったのです。

このように、「かばん持ち」とは、単なる「雑用係」ではないのです。

それは、**優れたプロフェッショナルから「多重人格のマネジメント」を学ぶ、最高の機会**でもあるのです。

そして、この「優れたプロが、仕事で、どのように『人格』を切り替えているかを観察する」という第3の心得を実践すると、いよいよ、次の第4の心得を実践する段階が来ます。

【第4の心得】「表に出す人格」を、実際に切り替えてみる

この第4の心得は、

自分の仕事において、表に出して活用する「人格」を切り替える

という心得です。

こう述べると、あなたは、「そんなことができるだろうか」と考えるかもしれませんが、実は、我々誰もが、無意識に、その「人格の切り替え」を行っています。

例えば、先ほど紹介した、銀行窓口でのベテラン行員は、無意識に、次の「3つの人格」を使い分けて仕事をしています。

「顧客を不愉快にさせないよう応対する、温かく親切な人格」
「後輩を指導する、厳しくも包容力のある人格」
「顧客からの信頼を得られる、几帳面で細やかな人格」

従って、もし、我々が、こうした優れたプロフェッショナルから学ぼうと思うならば、意識的に、場面と状況に応じて自分の人格を切り替え、仕事に処するという修業をすることです。

ただし、ここで大切なことは、**自分の中にまだ十分に育っていない「人格」に気がつき、それを、意識的に育てていく**ことです。

この銀行窓口の例で言えば、この新入行員が、先輩行員の仕事ぶりを観察しながら、

「自分は『几帳面で細やかな人格』で正確な仕事はできているが、そのことに集中するあまり、顧客に対して『温かく親切な人格』で応対できていない」

と考えるならば、その「温かく親切な人格」を意識して自分の中に育て、それを仕事において表に出すように努めるべきなのです。

では、先ほどから、「『人格』というものを、意識して育てる」ということを述べていますが、実際に、そんなことができるのでしょうか。

「私は気の利かない性格」という自己限定が、最大の壁になる

もし、その人格が、仕事や生活において、すでに何らかの形で表に現れている「表層人格」であるならば、少しの工夫と努力で、それを意識的に育て、表に出し、使い分けることができるようになります。

例えば、いま振り返ると、私は、実社会に出た当初は「気の利かない性格」であったと思いますが、営業の仕事を通じて、「気を利かせる」「気を配る」「気を遣う」という修業を積んでいくと、やはり、それなりに「気の利く性格」が、自分の中に育ってきました。

むしろ、**「能力開発」という視点から見たとき、最も怖いのは、「そもそも、自分は、気の利かない性格だ」「自分は、不器用だから、この性格は直らない」といった「自己限定」をしてしまうこと**です。

それは、そのまま、自分の「性格」や「人格」の幅を狭めてしまい、結果として、「能力」や「才能」の幅を狭めてしまうからです。

「不器用さ」とは、資質の問題ではなく、精神的な体力不足である

すなわち、この「多重人格の技法」を実践するとき、一つの障害となるのが、この「自己限定」であることを理解しておく必要があります。

そして、この技法を実践するとき、もう一つ、大きな障害となることがあります。

それは、**この技法を実践するためには、「精神的な基礎体力」が求められる**ということです。言葉を換えれば、「**精神のスタミナ**」が求められるのです。

なぜなら、「様々な人格」を場面や状況に応じて適切に使い分けるためには、

「置かれた状況の判断」
「周囲の人間の心境の感知」
「適切な人格の選択」
「自然な人格の切り替え」

という一連の作業を、瞬時に行う必要があるからです。

そして、それを実行するためには、かなりの集中力が求められるからです。

そのため、実は、我々に「**精神的な基礎体力**」＝「**精神のスタミナ**」**が無ければ、この高度で複雑な行為である「人格の切り替え」はできない**のです。

従って、もし我々が「人格の切り替え」がうまくできないとすれば、それは「不器用」だからではなく、「精神的な基礎体力」が無いからなのです。「精神のスタミナ」が無いからなのです。

逆に言えば、我々が、日々の仕事において、「一つの人格」だけを選んで処してしまう理由は、「そうした方が楽だから」なのです。いちいち場面や状況に応じて「人格」を切り替えていては「疲れる」からなのです。

この第5話の冒頭の山崎さんが、無意識に「真面目な人格」で通そうとするのは、ある意味で、その「真面目な人格」だけで処する方が楽だからです。

これに対して、優れたプロフェッショナルで、場面や状況に応じて、自然に、滑らかに「人格」を切り替えられる人は、例外なく、「精神的な基礎体力」に優れており、「精神のスタミナ」が高いレベルにある人です。

そして、この「精神のスタミナ」が高いレベルにあるということは、分野を問わず、職業を問わず、一流のプロフェッショナルへと成長していくための不可欠の条件なのです。

では、どうすれば、この「精神のスタミナ」を高めていけるのか。

そのために、特殊な修業が必要なわけではありません。

本書で述べる「7つの技法」を、日々の仕事において、意識的に実践し続けていくと、自然に、「精神のスタミナ」は高まっていきます。

最初は、少し疲れると思われるかもしれませんが、まもなく、慣れてきます。そして、「精神のスタミナ」が高まってくるとともに、徐々に、あまり苦もなく、この「多重人格の技法」を始め、「7つの技法」が実践できるようになっていきます。

そして、この「精神のスタミナ」について、我々が理解しておくべき、もう一つ大切なことがあります。

それは、**「精神のスタミナ」は、「肉体のスタミナ」と異なり、60歳を超えても、まだ高まっていく**ということです。

それは、分野を問わず、一流のプロフェッショナルの姿を見ていると、明らかなことでしょう。

そして、それが、「**我々は、何歳になっても成長していける**」という本書のメッセージの、一つの意味でもあるのです。

しかし、いずれにしても、大切なことは、まず、この「7つの技法」のどれか一つで良いので、今日から、実践してみることです。

すべては、そこから始まります。

【人格の壁】　つねに「真面目」に仕事をしてしまう

【多重人格の技法】　自分の中に「様々な自分」を育て、使い分ける

第6話

エゴの壁

自分の「エゴ」が見えていない

自己観察の技法

「自分を見つめるもう一人の自分」を育てる

「他人の成功」を素直に喜べない人

あなたは、こうした光景を目にしたことがないでしょうか。

先ほど終わった企画会議から、同期の橋本さんと阿部さんが席に戻ってきました。

阿部さんは、晴れやかな顔をして、早速、パソコンの前で、仕事に取り組んでいます。

一方、橋本さんは、机の前に座っても、すぐに仕事に取り組む気になれないのか、腕を組んで、窓の外を眺めています。その横顔を見ていると、どこか納得できないという表情をしています。

先ほどの企画会議、橋本さん、阿部さんともに企画案を提出して、石川企画課長に説明を行ったのですが、阿部さんの企画案は、石川課長から高く評価されました。

一方、橋本さんの企画案は、課長からあまり芳しい評価を受けませんでした。

同期の阿部さんの企画案が高く評価され、自分の案があまり評価されなかったことで、橋本さんの心の中では、嫉妬のような気持ちが渦巻き、素直に、阿部さんの企画案を認める気になれないようです。

企画会議の最後に、石川課長から、阿部さんの企画案を具体的なプロジェクトにするために、橋本さんも阿部さんに協力するように言われているのですが、橋本さん、少し複雑な心境です。


また、こうした光景も、目にしたことがあるのではないでしょうか。


一つのプロジェクトが終了した後の総括会議です。

プロジェクトが成功裡に終わったことから、山下課長は、上機嫌です。

プロジェクト・メンバー全員を前に、山下課長は、プロジェクト・リーダーの中島さんを見ながら、こう褒めました。

「しかし、このプロジェクト、当初は、この短い期間で目標を達成できるかどうか心配したが、よく予定通りに進めることができたな。よくやってくれた」

この褒め言葉を聞いて、中島リーダー、嬉しそうに頷いています。

しかし、その横にいる、サブ・リーダーの石井さん、あまり嬉しそうな顔をしていません。

このプロジェクトが短期間で目標を達成できたのは、リーダーの中島さんの頑張りもあったのですが、それ以上に、サブ・リーダーの石井さんが、深夜までメンバーを励ましながら、一緒に頑張ったからです。

石井さんが嬉しそうな顔をしなかったのは、その自分の努力を、山下課長は分かっていないのではないかと思ったからであり、どこか、手柄を中島リーダーに持っていかれたような気持ちになったからです。

石井さん、次のプロジェクトも中島リーダーと一緒にやる心境にはなれないようです。

なぜ、優れた結果を出す人ほど、「嫉妬心」に振り回されるのか

この場面、阿部さんにも、中島さんにも、悪意はありません。また、彼らに何かの責任があるわけでもありません。

しかし、この橋本さんと石井さんが味わっている心境は、一つの人間集団の中で仕事に取り組んだ経験のある人ならば、誰もが、多かれ少なかれ味わったことのある心境ではないでしょうか。

なぜなら、我々は、人間であるかぎり、**誰の心の中にも、「人から褒められたい」「周りから評価されたい」「世の中で認められたい」といった「エゴ」がある**からです。

もとより、それは、決して否定されるべきことではありません。

それが、仕事への意欲や向上心につながるときも、多々あるからです。

しかし、この「**エゴ」は、**この橋本さんや石井さんの心境のように、ときおり、こうした嫉妬心や功名心のような形で、**職場の人間関係を損ね、組織のチームワークを阻害するような動きをする**ことがあります。

特に、仕事において「優秀」という評価を得る人は、多くの場合、他のメンバーよりも「エゴ」が強く、「人から褒められたい」「周りから評価されたい」という意識が強い傾向があります。

だからこそ、「優秀」と評価される仕事を残しているのであり、それ自身は、良い面でもあるのですが、そうした優秀な人は、ときに、過度の嫉妬心や競争心、功名心や自尊心という形で、心の中の「エゴ」に、無意識に振り回されてしまうことがあります。

例えば、こんな場面です。

「エゴ」は向上心を生むが、しばしば成長の障害になる

ある会議で、斉藤さんは、前田さんの提案するプロジェクト計画に、異議を唱えています。彼の言葉をそのまま受け止めると、前田さんのプロジェクト計画の問題点を理路整然と指摘しているのですが、周りのメンバーは、斉藤さんが、同期の前田さんへのライバル意識で批判していることを感じ取っています。むしろ、それに気がついていないのは、斉藤さん自身かもしれません。

また、こんな場面もあります。

営業課の岡田さんが、後藤課長と二人での昼食時、後輩の福田さんの営業スタイルにつ

いて、色々と批判をしています。「福田さんのために、お伝えしておきますが」と言って語る岡田さんの言葉に耳を傾けながら、後藤課長は、岡田さんの本当の気持ちに気がついています。

後輩ながら、抜群の営業センスを持っている福田さんのことを、岡田さんは、「そのうち、自分を追い越すのではないか」と、内心、恐れているのです。

後藤課長は、そのことを敏感に感じ取っていますが、岡田さん自身は、その自分の心の動きに、気がついていないようです。

このように、我々の心の中にある「エゴ」は、我々の意欲や向上心を高めるときもありますが、しばしば、他人との摩擦や葛藤を生み出し、人間関係に悪い影響を与えてしまうことがあります。

そして、その結果、職場の仲間と良い関係を築き、互いに円滑に協力し合いながら、仕事に取り組むことの障害になってしまうことさえあります。

その意味で、斉藤さんも、岡田さんも、優秀な人なのですが、どこかで壁に突き当たってしまうでしょう。

すなわち、優秀な人が突き当たる「**第6の壁**」は、この斉藤さんや岡田さんの姿に象徴されています。

それは、

自分の「エゴ」が見えていない

という「**エゴの壁**」です。

では、どうすれば良いのでしょうか。

ときに、職場の人間関係やチームワークに悪い影響を与えてしまう、こうした心の中の「エゴ」に、どう処すれば良いのでしょうか。

無理に「自分を捨てよう」とする必要はない

そのためには、「**エゴ・マネジメント**」と呼ばれる「成長の技法」を身につけることです。

これは、ある意味で、**人生において最も大切な「成長の技法」**であり、もし、**我々が、この技法を身につけることができたならば、職場や仕事の仲間だけでなく、家族や友人、知人など、人生全般においても、良好な人間関係を築いていくことができます。**

では、その「エゴ・マネジメント」とは、どのような技法か。

この技法については、拙著『人生で起こること　すべて良きこと』（ＰＨＰ研究所）や『逆境を越える「こころの技法」』（ＰＨＰ文庫）において詳しく述べましたが、ここでは、その要点を述べておきましょう。

まず、「エゴ・マネジメント」において、最も大切なことは何か。

それは、「エゴ」を抑圧しないことです。

なぜなら、「心の中のエゴの動きが、人間関係に悪い影響を与えてしまう」と述べると、我々は、しばしば、「では、エゴを捨てよう」と考えてしまうからです。

たしかに、昔から、古典と呼ばれる本においても、「**我欲を捨てる**」「**私心を去る**」といった言葉が語られていることから、我々は、つい素朴に、「我欲を捨てよう」「私心を去ろう」と考え、「エゴ」を捨てようと考えてしまいます。

しかし、こうした古典の表現は、「自分の心の中の我欲や私心に気づけ」という意味で言っているのであり、我々の心の中の「我欲」や「私心」は、それほど簡単に消せるものではありません。

そのことは、浄土真宗の宗祖、親鸞さえ、歳を重ねた晩年においても、「**心は蛇蝎《だかつ》のごとくなり**」と述べていることにも象徴されています。我々の心の中に「へび」や「さそり」のごとく、我欲や私心が巣食っていることを述べている言葉です。

「人のトラブル」をほくそ笑む自分は、いつも心の奥に隠れている

すなわち、現実には、どれほど、こうした「我欲を捨てよう」「私心を去ろう」といった言葉で自分を鼓舞し、心の中の「エゴ」を捨てようと思っても、多くの場合、「**私は、我欲を捨てた**」「**自分は、私心を去った**」**といった自己幻想**に陥ってしまうだけです。

人の心は、それほど単純ではありません。

そもそも、「エゴ」というものは、人間の生命力とも深く結びついており、本当に「エゴ」が無くなったら、生きてはいけないほど、人間にとって根源的なものです。

そして、「エゴ」というものは、「ああ、このようなエゴを持ってはいけない」と考え、**それを捨てよう、無くそうと思って抑圧すると、一度、心の表面から消え、心の奥深くに隠れますが、必ず、また、別のところで蛇のように鎌首をもたげてきます。**

例えば、同期入社の近藤課長と出世を競い合っていた村上課長。

期待に反して、近藤課長の方が、先に部長へ昇進しました。

部下から「残念でしたね」と言われた村上課長、厳しい表情でこう答えます。

「いや、俺は、どちらが先に出世するかなど、興味はない。そういう私心ではなく、もっと志を持って生きていくことが大切だからな」

しかし、それから数か月後、近藤部長が、突如、病気で長期入院となります。

部下から「近藤さん、長期休養とのことですね」と言われ、村上課長、「そうだな、早く良くなるといいのだが……」と答えますが、そのとき、心の奥深くから、密かにほくそ笑む自分が現れてきます。

このように、我々の心の中の「エゴ」は、表面意識で抑圧して、消し去ったと思っても、決して消えることはありません。

一時、姿を潜め、隠れるだけであり、何かの拍子に、心の表面に現れてきます。

嫉妬心を、ありのままに見つめることが第一歩

では、どうすれば良いのでしょうか。

抑圧しても、決して消えることのない、この厄介な「エゴ」に対して、我々は、どう処

すれば良いのでしょうか。

実は、古来、語られる「心理的な技法」があります。

それは、

ただ、静かに見つめる

否定も肯定もせず、ただ、静かに見つめる

という技法です。

例えば、同期の近藤課長に先を越された村上課長であれば、

「俺は、出世など興味はない」

と自分の心の中の「エゴ」を抑えつけるのではなく、その「エゴ」の動きを、

「ああ、自分は、同期の出世に、嫉妬しているな……」

と、否定も肯定もせず、ただ、静かに見つめることです。

例えば、後輩の福田さんの営業センスに脅威を感じている先輩の岡田さんであれば、「ああ、自分は、後輩の才能に恐れを抱いているな……」と、ありのままに見つめることです。

ただし、ここで大切なことは、「否定も肯定もしない」ということです。なぜなら、もし、「ああ、いけない、自分は、同期の出世に嫉妬している」と否定的な感覚で受け止めた瞬間に、また、「抑圧」が起こってしまうからです。

しかし、**もし、「否定も肯定もせず、ただ、静かに見つめる」ということができたならば、なぜか、不思議なほど、我々の心の中の「エゴ」の動きは静まっていきます。**

「エゴ」を見つめていると、心の中に「静かな観察者」が育つ

もとより、すぐに、そうした「ただ、静かに見つめる」ということができるようになるわけではありませんが、日々の仕事や生活の中で、怒りを感じたときや、嫉妬を感じたと

きなど、自分の心の中の「エゴ」の動きに対して、静かに見つめるという努力を続けていると、いつか、自分の中に、**「自分を見つめるもう一人の自分」**が育ってきます。

それは、私が**「静かな観察者」**と呼んでいる、もう一人の自分ですが、この自分を育てることが、**「エゴの壁」**を越えるための技法である、**「第6の技法」**、

「自分を見つめるもう一人の自分」を育てる

という**「自己観察の技法」**です。

昔から、自分の感情に流され、自分の「エゴ」に振り回される人を見て、

「彼は、自分が見えていない」

「彼女は、自分を見失っている」

という言い方をしますが、逆に言えば、**「自分を静かに見つめるもう一人の自分」**、すなわち**「静かな観察者」が心の中に生まれ、育ってきたとき、初めて我々は、「成熟した精神」を身につけた人間へと成長していける**のでしょう。

では、この「静かな観察者」を、心の中に、どのようにして育てるか。

そのための一つの具体的な技法が、第2話で述べた、「**深夜の反省日記**」です。

一日の仕事が終わった夜に、その一日を振り返り、様々な場面での自分の心の動きを見つめ、そのときの心の動きを、正直に、ありのままの率直な言葉で書いていくという「反省日記」。

毎日、この日記をつけ続けていると、自然に、自分の心の中の「エゴ」を見つめる「もう一人の自分」が育ってきます。「静かな観察者」が育ってきます。

この「反省日記」は、地味な技法に思われるかもしれませんが、毎日10分の習慣が、徐々に、しかし確実に、我々の心の在り方を変えてくれますので、今夜から、ノートを前に、もしくは、パソコンを前に、この日記の習慣を始められることを勧めます。

【エゴの壁】　自分の「エゴ」が見えていない

【自己観察の技法】　「自分を見つめるもう一人の自分」を育てる

第7話

他責の壁

失敗の原因を「外」に求めてしまう

引き受けの技法

起こったトラブルの「意味」を、深く考える

「私のせいではない」という言葉が、すぐに頭に浮かぶ人

仕事でトラブルに直面したとき、そのトラブルに、どう対応するかで、その人の将来の成長が見えてくるときがあります。

例えば、あなたは、職場で、次のような光景を見たことがあるのではないでしょうか。

総務の遠藤さん、先ほどから青木課長に、注意を受けています。

いつもは責任感のある正確な仕事ぶりで「優秀」との評価の高い遠藤さん、こうした場面は珍しいことですが、なぜか、青木課長の注意が長引いています。

横で聞いていると、遠藤さん、青木課長の注意が、納得できないようです。

青木課長としては、一昨日頼んだ仕事が進んでいないので、注意をしているのですが、遠藤さん、「その仕事は、自分は他の仕事で忙しかったため、職場の後輩の坂本さんに頼んでおいたのです。だから、仕事が進んでいないのは、坂本さんの責任です」と抗弁をし

ているようです。

青木課長としては、自分が仕事を頼んだのは、遠藤さんなのだから、遠藤さんが責任を持って、坂本さんの仕事の進捗を確認してくれなければ困る、ということも伝えているのですが、それに対しても、遠藤さんは、「そもそも、その仕事は、本来の職掌分担で言えば、私の責任ではありません」と答えています。

たしかに、組織論や筋論で言えば、そうなのですが、本来、その仕事を引き受けたからには、遠藤さんにも責任があると青木課長は注意を続けています。

遠藤さん、たしかに仕事は優秀なのですが、ときおり、こうした姿を示すことがあるので、上司も困ってしまうようです。

さて、優秀な人が突き当たる「**第7の壁**」は、この遠藤さんの姿に象徴されています。

それは、

失敗の原因を「外」に求めてしまう

という「**他責の壁**」です。

成功体験が増えるほど、無意識に「責任転嫁」をしたくなる

もとより、この遠藤さんだけでなく、我々は、誰でも、仕事における失敗やトラブルに直面したとき、それが、明らかに自分に原因や責任がある場合でも、心の中の「エゴ」が動き、

「自分に原因がある」「自分に責任がある」

と、素直に受け止めることができなくなります。そして、

「あの人に原因がある」「あの人に責任がある」
「この環境に原因がある」「この組織に責任がある」

と「自分以外」の誰かや何かに原因や責任を求めてしまうことがあります。

こうした心の動きは、多かれ少なかれ我々の誰もが持っているのですが、特に、**優秀な人ほど、過去の「成功体験」や「成功感覚」が強いため、ひとたび、何かの大きな失敗やトラブルに直面したとき、その現実を受け止め切れなくなり、「自分以外」に原因や責任を求めてしまう**傾向があります。

しかし、そうした姿勢に流された瞬間に、我々は、その失敗やトラブルを糧として、第2話で述べた「反省の技法」を用いることによって、プロフェッショナルとして、人間として、成長する機会を失ってしまいます。そして、成長が止まってしまいます。

では、どうすれば、我々は、「**自分に原因や責任のある出来事**」で**あるにもかかわらず、「自分以外」に原因や責任を求めてしまう**という心の姿勢を、変えることができるのか。

そのためには、第6話で述べた「**自己観察の技法**」を用い、自分の心の中を静かに見つめることです。そして、そのことによって、目の前の責任から逃げようとしている心の中の「エゴの動き」を感じ取ることです。

例えば、静かに心の中を見つめたとき、

「ああ、人から批判されたくないエゴが動いている」

「ああ、自分は間違っていないと叫ぶエゴが動いている」

「ああ、自分の責任から逃れようとするエゴが動いている」

「ああ、誰かに責任転嫁をしたいと思っているエゴが動いている」

と感じることができたならば、その瞬間に、不思議なほど、心の姿勢が変わり始めます。

そして、ひとたび、心の姿勢が変わったならば、第２話で述べた「反省の技法」を使って成長していくことができるでしょう。

「自分の責任ではないトラブル」にこそ、成長の機会が隠れている

では、もし、**その失敗やトラブルが、「自分には原因や責任が無い出来事」の場合は、**どうでしょうか。

例えば、仕事において、大切な顧客との重要な会合に、寝過ごしたため遅刻したとします。これは、明らかに、「**自分が原因である出来事**」であり、「**自分に責任のある出来事**」です。

しかし、顧客との重要な会合に出席しようとしたら、電車が突発的な事故で動かず、その会合に遅刻せざるを得なくなった、という出来事が起こったとします。

これは、明らかに、「自分の過ちから電車の事故が起こったわけではない」という意味で、因果関係の無い出来事であり、「**自分が原因ではない出来事**」です。それゆえ、「**自分には責任の無い出来事**」です。

では、こうした「自分には原因や責任の無い」失敗やトラブルに直面した場合、我々は、どのようにして成長していくことができるのでしょうか。

こう述べると、あなたは、驚かれると思いますが、**実は、自分には原因や責任の無い失敗やトラブルであっても、我々は、成長の機会とすることができる**のです。

この第7話では、そのための技法を述べたいと思います。

「真の強さ」を持つ人物が口にする「究極の言葉」

実は、これは、かなり大胆な心の姿勢の転換の技法なのですが、ひとたび、この技法を身につけたならば、人生や仕事において失敗やトラブルに直面したときの「強さ」が身につきます。しかも、それは、**人間にとって「真の強さ」であり、「究極の強さ」とでも呼ぶべきもの**です。

では、それは、どのような技法でしょうか。

それが、「**第7の技法**」、

起こったトラブルの「意味」を、深く考える

という「**引き受けの技法**」です。

この技法は、私が若いビジネスパーソンの頃に仕えた、一人の上司の姿から学んだものです。そこで、最初に、その上司のエピソードを紹介しましょう。

この上司は、温かい雰囲気ながら物静かな人柄であり、その言動からは、人間的な深みを感じさせる人物でした。

それは、私が、ある程度仕事を覚え、一つのプロジェクトのリーダーを任され、色々と苦労をしながらも、そのプロジェクトを終えたときのことです。

その上司が、食事に誘ってくれたのです。

静かなレストランで楽しく時を過ごし、食事を終え、最後のコーヒーを飲んでいるとき、その物静かな上司が、ふと、独り言のように、語り始めました。

「毎日、会社で色々な問題にぶつかって、苦労するよ。そのときは、会社の方針に原因があると思ったり、周りの誰かに責任があると思って、腹を立てたりもするのだけれど、家に帰って一人で静かに考えていると、いつも、一つの結論にたどり着くのだね。

すべては、自分に原因がある。

そのことに気がつくのだね……」

その言葉を聞いたとき、最初、私は、「何と謙虚な人だろうか」と思ったのですが、その会食を終えた帰り道で、独り、その言葉を思い返していると、ふと、気がつきました。

その上司は、自らを語る姿を通じて、まだ若く未熟であった私に、大切なことを教えてくれていたのです。

なぜなら、その頃の私は、慣れないプロジェクト・リーダーを務めながら、様々な問題に突き当たり、そのたびに、プロジェクト・メンバーの仕事ぶりに批判的な気持ちになったり、会社のプロジェクト運営方針に不満を抱いたりしていたからです。

その私の姿を見て、この上司は、自らの反省を語る形をとりながら、私に、一人の職業人として、一人の人間として成長していくために大切な「心の姿勢」を教えてくれたのです。そして、その「心の姿勢」を技法としたものが、「引き受けの技法」です。

では、この「引き受けの技法」とは、いかなる技法か。

実は、この上司が、この「引き受け」という言葉を教えてくれたわけでもなく、何かの具体的な技法を教えてくれたわけでもないのですが、この上司の姿から学んだ「心の姿勢」を出発点に、私なりに、東洋思想や日本文化、臨床心理学などの考えを学びながら、一つの具体的な「成長の技法」として明確化していったものが、この「引き受けの技法」です。そのことを述べたうえで、具体的に説明しましょう。

すべてを「引き受ける」とは、心の中で「責任を取る」こと

端的に言えば、この「引き受けの技法」とは、**自分に直接的な原因があるか否か、自分に直接的な責任があるか否かを問わず、その失敗やトラブルが起こったことを、すべて、**

「自分に原因がある」「自分に責任がある」と受け止め、**その原因や責任を「自分の問題」として引き受け、なぜ、その失敗やトラブルが起こったのか、自分のどこに問題があったのか、自分の心の姿勢の何が問題であったのか、そうしたことの「意味」を深く考える**という技法です。

ただし、それは、仕事の失敗やトラブルについて、すべて「法律的な責任」を取るという意味ではありません。また、「組織的な責任」を取るという意味でもありません。

あくまでも、個人の心の中で、「この失敗やトラブルは、自分の心の姿勢が引き寄せたものではないか」と受け止め、**自分の心の姿勢を見つめ直す機会として引き受ける**という意味です。

しかし、この「引き受けの技法」は、それを習慣にするならば、職業人として、人間として飛躍的に成長できる、極めて優れた「成長の技法」です。

ただ、この技法を実践するためには、実は、その前に、一つの「価値観」の転換を行う必要があります。

逆境で成長する人は、トラブルの「意味」を書き換えている

それは、「**逆境観**」の**転換**です。

この「引き受けの技法」を実践するためには、まず、その転換を行う必要があるのです。

ここで、「逆境観」とは、**人生で与えられる、苦労や困難、失敗や敗北、挫折や喪失、病気や事故、といった「逆境」というものを、どう捉えるか**という人生観のことです。

ただ、現代に生きる我々の多くは、世に溢れる享楽的な人生観の影響を受け、「逆境とは、悪しきもの、不幸なもの、不運なものであり、それをいかに避けるかが人生において大切だ」という人生観を、心に抱く傾向があります。

もとより、人生や仕事において、苦労や困難、失敗や敗北を避けるために最善の努力を

尽くすことは当然ですが、どれほど努力をしても、いずれ、我々は、何かの苦労や困難、失敗や敗北、挫折や喪失、病気や事故といった逆境に直面します。

されば、人生や仕事において、我々に真に求められるのは、「いかにして、逆境を避けるか」ということ以上に、**「逆境に直面したとき、いかにして、それを越えるか」「いかにして、逆境を越える強さを身につけることができるか」**なのです。

そして、もし我々が、この「引き受けの技法」を身につけ、実践することができるならば、それが、どのような逆境であっても、その逆境を越える大きな力を得ることができるのです。

しかし、この技法を実践するためには、まず、我々が心に抱いている「逆境観」を、大きく転換する必要があります。

すなわち、「逆境とは、悪しきもの、不幸なもの、不運なもの」という逆境観ではなく、

「逆境」とは、大いなる何かが

我々を成長させようとして与えるものであり
我々の人生を導こうとして与えるものである

という「逆境観」を心に定めることです。

もとより、それは、必ずしも容易なことではありませんが、もし、それができたならば、その瞬間に、**目の前の失敗やトラブルの意味が、全く違って見えてきます。自分が人生や仕事で直面している問題の意味が、全く違って見えてきます。**

「逆境」だけが「飛躍のチャンス」を与えてくれる

しかし、こう述べると、あなたは、さらに疑問を抱かれるかもしれません。

「我々を導く『大いなる何か』など存在するのか」

たしかに、この問いに対して、私は、その「存在」を証明することはできません。
いや、そもそも、人類数千年の歴史の中で、誰も、それを証明した人間はいないのです。
そして、現在の最先端科学をもってしても、そうしたものが存在するか否かは、証明されていないのです。

しかし、一つだけ言えることがあります。

人類の歴史を振り返ると、優れた仕事を成し遂げた人々、見事な人生を拓いた人々の多くは、その存在を信じ、

「逆境」とは、大いなる何かが
我々を成長させようとして与えるものであり
我々の人生を導こうとして与えるものである

という「逆境観」を抱いて、人生を歩んでいます。

そして、この日本という国においては、そうした「逆境観」は、一般の人々の中にも浸透していました。

例えば、戦国武将、山中鹿之介が三日月に向かって「**我に七難八苦を与えたまえ**」と祈ったと言われる逸話は、我が国においては、好んで語られてきました。

また、「**艱難《かんなん》、汝を玉にす**」という格言も、好んで使われてきました。

さらに、我が国では、「**可愛い子には、旅をさせよ**」や、第3話で述べた「**若い頃の苦労は、買ってでもせよ**」という言葉に象徴されるように、**逆境とは、人間が育つために大切なものであり、決して否定的なものではない**と考えられてきました。

イチローが褒める「苦手のピッチャー」

近年、こうした「逆境観」は、あまり語られなくなったように見受けられますが、しかし、日本人の深い精神性に基づく、この「逆境観」は、決して消えることなく、現代においても受け継がれています。

なぜなら、現代においても、分野を問わず、職業を問わず、**一流のプロフェッショナルは、誰もが、同様の肯定的な「逆境観」を抱いている**からです。

例えば、米国のメジャーリーグで年間262安打の記録を打ち立てた、イチロー選手は、その記録を達成する前年、アスレチックスのハドソンという投手に、何試合も抑え込まれていました。

その時期、あるインタビュアーから、この投手について、こう聞かれました。

「イチローさん、あのハドソンという投手は、あなたにとって、できれば対戦したくない苦手のピッチャーですか」

この問いに対して、イチロー選手は、こう答えました。

「いいえ、そうではありません。彼は、私というバッターの可能性を引き出してくれる素晴らしいピッチャーです。だから、私も修練をして、彼の可能性を引き出せるバッターになりたいですね」

このイチロー選手の言葉は、何を言おうとしているのか。
それは、

我々の人生において与えられる「逆境」とは
我々の可能性を引き出してくれる
素晴らしい「機会」である

その「逆境観」を語っているのです。

目の前のトラブルの「外」に出て、それが持つ「意味」を深く考える

では、この「逆境観」を抱くと、何が違ってくるのか。

まず、**目の前の「逆境」には、自分の可能性を引き出し、自分を成長させるための「深い意味」がある**と、思えるようになります。

そして、次の様な問いが心に浮かび、与えられた「逆境」の意味を考える力が湧き上がってきます。

この苦労や困難は、自分に何を教えようとしているのか。
この失敗や敗北は、自分に何を学ばせようとしているのか。
この挫折や喪失は、自分に何を摑ませようとしているのか。
この病気や事故は、自分に何を気づかせようとしているのか。

そして、**こうした問いを通じて、与えられた逆境の「意味」を考える力**こそが、

「**解釈力**」

と呼ぶべき力であり、それは、我々が人生の逆境を越えていくために、極めて大切な力でもあります。

例えば、現役時代、大関として活躍した、ある親方が、膝の故障で長期の休場を余儀なくされた苦難の時期について、インタビュアーから聞かれ、こう答えています。

「絶好調に慢心していた、あの頃の私は、挫折を、しなければならなかったのです。あの挫折によって、私は、多くのことを学びました」

これは、見事な「解釈力」です。

たしかに、我々も、人生において挫折を経験し、悪戦苦闘して道を拓き、その時代を振り返るとき、ふと、気がつくことがあります。

あの挫折は、あの頃の自分の成長にとって、必要な配剤であった。
あの挫折があったから、大切なことを、学ぶことができた。
そして、その学びがあったから、今日の自分が、ある。

しかし、この大関と同じ挫折の経験が与えられても、次のように解釈する人もいます。

「せっかくの絶好調であった時期に、不幸にして、膝の故障に見舞われました。あの故障さえ無ければ、私は、あの頃、もっと活躍できたのですが……」

このように、我々の持つ「解釈力」の違いによって、同じ逆境が与えられても、人生は、全く違った風景に見えてしまいます。

「引き受け」を体得すると、すべてが「有り難い出来事」になる

以上述べてきたように、「引き受けの技法」とは、人生や仕事において、苦労や困難、失敗や敗北、挫折や喪失、病気や事故などの逆境が与えられたとき、たとえそれが「自分に直接的な原因や責任の無い出来事」であっても、まず、「それは、自分の心の姿勢が招き寄せたものである」と受け止め、「この出来事は、自分に何を教えてくれようとしてい

るのか」「この出来事から、自分は何を学ばなければならないのか」と考え、さらには、「こうした出来事を招き寄せたのは、自分の心の姿勢のどこに問題があったのか。自分の心の姿勢を、どう改めるべきか」と考える技法のことです。

こう述べると、難しい技法と思われるかもしれませんが、ひとたび、この「逆境観」の転換を行えば、自然に、こうした受け止め方ができるようになります。

そして、この「引き受けの技法」は、我々が身につけ得る、最も高度な「成長の技法」でもあります。

それは、なぜか。

第4話の「**私淑の技法**」では、我々が、優れた人物を心の中で「師匠」と思い定め、その人物から学び続けることによって、成長していけることを述べました。

しかし、もし、その姿勢を、さらに、「**我以外、皆、我が師**」という覚悟にまで深め、人生で出会う人、誰からも謙虚に学んでいこうとするならば、我々は、人間として、さらに大きな成長を遂げていくことができます。すなわち、それは、「**人生で出会う人、誰もが、自分に大切なことを教えてくれている**」という学びの姿勢でもあります。

もし、そうであるならば、この「**引き受けの技法**」は、「人生で出会う人、誰もが、自分に大切なことを教えてくれている」という意味を、さらに超え、「**人生で起こる出来事、すべてが、自分に大切なことを教えてくれている**」という、究極の学びの姿勢に他なりません。

この「引き受けの技法」が、最も高度な「成長の技法」であるのは、我々の心の中で、その**究極の学びの姿勢**が定まるからです。

「偶然」をどう捉えるかが、人の成長に大きな差をつける

さて、ここまでで、本来、この第7話は終えても良いかと思います。

しかし、せっかくの機会ですので、敢えて誤解を恐れず、この「**引き受けの技法**」の**奥にある、さらに深い世界**についても、語っておきましょう。

実は、この「引き受けの技法」を実践することによって起こるのは、その「学びの姿勢」の変化だけではありません。

我々が、この「引き受けの技法」を身につけ、「解釈力」を深めていくと、ある「感覚」を抱くようになっていきます。

それは、「何かに導かれているような感覚」です。

言葉を換えれば、**自分の仕事や生活において起こる様々な出来事が、「何かを教えてくれているような感覚」**でもあります。

こう述べても分かりにくいので、先ほどの例を挙げて、説明しましょう。

ある日、大切な顧客との重要な会合に出席しようとしたら、電車が突発的な事故で動かず、その会合に遅刻せざるを得なくなったとします。

そのとき、その出来事の「原因」ではなく、「意味」を深く考えるならば、ときに、我々は、それが、最近の自分の心の姿勢に対して、大切な何かを教えてくれているように感じることがあります。

例えば、その顧客に対して、自分が心の中で「商品を買わせてやろう」「売りつけてやろう」という密やかな傲慢さと操作主義を持っていたことに気がつくかもしれません。

また、一緒にこの営業を進めている同僚に対して、「何で自分だけが顧客対応で苦労するのか」という、不満や不信感を抱いていたことに気がつくかもしれません。

すなわち、この電車の事故による仕事のトラブルが、その自分の傲慢さや操作主義、不満や不信感に、気づかせてくれたように思えるのです。

もとより、それは、因果関係的に見るならば、「顧客への傲慢さ」が原因となって「電車の事故」が起こったわけでも、「仲間への不信感」が原因となって「電車の事故」が起こったわけでもないのですが、なぜか、そこに深い「意味」の結びつきがあると思えてくることがあります。

この感覚を、心理学の世界では、「**シンクロニシティ**」と呼びます。

「シンクロニシティ」とは、「**意味のある偶然の一致**」のことであり、スイスの心理学者、

カール・グスタフ・ユングが提唱した概念ですが、日本語では、一般に「共時性」と訳されています。

例えば、会社の仕事に行き詰まり、朝起きて、ふと、転職を考えた日に、高校時代の友人から「転職しました」との挨拶のはがきが届くという偶然や、今度の連休は、どこかの海でダイビングを楽しみたいと思っていたら、その夜、友人に誘われて観に行った映画に、スキューバ・ダイビングのシーンが出てきたという偶然など、こうした「シンクロニシティ」の経験、「意味のある偶然の一致」という経験は、誰にでもあるでしょう。

このように、「**自分の心の中の状態**」と「**外部世界で起こる出来事**」が、**何かの**「**意味のつながり**」**を持って同時に起こることを**、ユングは「シンクロニシティ」と呼んだのですが、たしかに、我々も、**日々の仕事や生活において起こった出来事が、自分の心の状態と、**「**因果的なつながり**」**は無くとも、**「**意味のつながり**」**があるように感じる**ことがあります。

先ほど紹介した、大関の時代に膝の故障で長期休場を余儀なくされた親方のエピソードも、実は、膝を故障したことと、慢心した気持ちとは、必ずしも「因果的なつながり」は無いのです。しかし、この親方は、そこに「意味のつながり」があると感じ取ったのです。

そして、こうした「**因果的なつながり**」**が無い出来事にも、**「**意味のつながり**」**を感じ取り、それを自身の心の成長に結びつけていく力**は、人間の持つ「成熟した精神」の力であり、我々が、逆境を越え、人生を拓いていくために、極めて大切な力でもあるのです。

誰でも「運の良さ」は身につけることができる

実際、**人生において、逆境を越え、道を拓いた人々を見るならば、誰もが、この「シンクロニシティ」を感じる力が強い**ことに気がつきます。

例えば、かつて、ある研究者が、政治家、経済人、文化人など、様々な分野で成功を遂げた人々の自伝を分析したのですが、その研究結果が、興味深いことを教えてくれます。

その研究は、こうした「人生の成功者」が、自伝において、どのような言葉を最もよく使っているかを調べたものでした。

研究実施前の予想では、こうした成功者たちは、「必死の努力をして」や「強い信念を持って」といった言葉を最もよく使っているのではないかと考えられたのですが、この予想に反して、実際に最もよく使われていた言葉は、「偶然」「たまたま」「ふとしたことから」「丁度そのとき」「折よく」「運よく」といった言葉だったのです。

これは、表層的に解釈すれば、「人生の成功者たちは、誰も、運が強い」ということのように思えますが、実は、そうではなく、「人生の成功者たちは、誰も、シンクロニシティを感じる力が強い」ということなのでしょう。

例えば、ある経営者は、資金繰りに困っているとき、たまたま列車に乗り合わせた人と知り合いになり、その人の紹介から資金を得ることになります。

また、ある映画俳優は、生活に困っていたとき、ふとしたことから誘われて働いた仕事がきっかけとなり、俳優の道を歩むことになります。

しかし、我々の日々の生活や仕事においては、「たまたま列車に乗り合わせる」「ふとしたことから誘われる」といった「偶然」は、無数に起こっています。

そうであるならば、これらの成功者たちは、それらの「**無数の偶然**」**の中から、そのときの自分にとって**「**意味のある偶然**」**を、無意識に感じ取る力が鋭い**のでしょう。

ただ、それが無意識の世界であるため、彼らは、そうした出来事を、「たまたま」「ふとしたことから」「丁度そのとき」といった言葉で語っているだけなのです。

そうであるならば、成功者の条件としてしばしば語られる「**運が強い**」**という資質**も、実は、こうした「**意味のある偶然**」**を感じ取る力が鋭い**、ということでもあるのです。

このように、この「シンクロニシティ」＝「意味のある偶然」を感じ取る力を高めていくことは、逆境を越え、人生を拓いていくために、極めて大切なことですが、そうした力を高めていくためにも、まず、「引き受けの技法」を実践することを勧めます。

すなわち、仕事や人生において、失敗やトラブルに遭遇したとき、たとえそれが「自分には原因や責任が無い出来事」であっても、まずは、それを「自分に責任のある出来事」として「引き受け」、その出来事が起こったことの「意味」を深く考えることです。

そして、その出来事が自分に何を教えようとしているのか、何を学ばせようとしているのかを考えることによって、それを自分の心の成長へと結びつけていくことです。

この「引き受けの技法」は、様々な失敗やトラブルを体験しながら、何年かの歳月をかけて身につけていく技法ですが、もし、我々が、この技法を通じて、深い「解釈力」を身につけ、「心の強さ」を身につけていくならば、いつか、我々は、次の言葉が真実であると感じるようになっていくでしょう。

人生において起こること、すべてに、深い意味がある

【他責の壁】　失敗の原因を「外」に求めてしまう

【引き受けの技法】　起こったトラブルの「意味」を、深く考える

終話

あなたの成長には、まだ「その先」がある

人生を拓く「7つの技法」

あなたの直観が教える、いま必要な「技法」

さて、この第1話から第7話までを読み終えられて、あなたは、何を感じられたでしょうか。

我々の成長を止めてしまう「7つの壁」と、その壁を越えるための「7つの技法」が、分かりやすく伝わったのであれば、幸いです。

ここで、もう一度、**「7つの壁」**と**「7つの技法」**を、整理して示しておきたいと思います。

【第1の壁】　学歴の壁　「優秀さ」の切り替えができない
【第1の技法】　棚卸しの技法　「経験」から掴んだ「智恵」の棚卸しをする
【第2の壁】　経験の壁　失敗を糧として「智恵」を掴めない
【第2の技法】　反省の技法　「直後」と「深夜」の追体験を励行する

【第3の壁】	感情の壁	感情に支配され、他人の心が分からない
【第3の技法】	心理推察の技法	会議では、参加者の「心の動き」を深く読む
【第4の壁】	我流の壁	「我流」に陥り、優れた人物から学べない
【第4の技法】	私淑の技法	「師」を見つけ、同じ部屋の空気を吸う
【第5の壁】	人格の壁	つねに「真面目」に仕事をしてしまう
【第5の技法】	多重人格の技法	自分の中に「様々な自分」を育て、使い分ける
【第6の壁】	エゴの壁	自分の「エゴ」が見えていない
【第6の技法】	自己観察の技法	「自分を見つめるもう一人の自分」を育てる
【第7の壁】	他責の壁	失敗の原因を「外」に求めてしまう
【第7の技法】	引き受けの技法	起こったトラブルの「意味」を、深く考える

こうして、もう一度、「7つの技法」の全体を見て頂くと、あなたには、どの技法が、「いまの自分に最も必要な技法だ」と感じられたでしょうか。

その直観を、大切にして頂きたいと思います。

我々の中にいる「賢明なもう一人の自分」

なぜなら、我々の心の奥深くには、必ず、「**賢明なもう一人の自分**」がいるからです。

これは、第6話で述べた「**静かな観察者**」でもある自分ですが、**この自分は、いつも、心の奥深くで、我々の成長を願っています。そして、我々の成長にとって、いま、何が大切かを知っています。**

それゆえ、この「賢明なもう一人の自分」は、そのことを、ときおり、心の奥深くからのメッセージとして教えてくれます。

第7話で述べたように、我々が失敗やトラブルに直面したとき、逆境に直面したとき、静かな心、謙虚な心で、その出来事を見つめていると、自然に、心の奥深くから、

「ああ、この出来事は、大切なことを教えてくれている……」

「ああ、いま、自分は、このことを学ばなければ……」

という気持ちが湧き上がってくるのは、そのためです。

だから、本書を読まれて、心の奥深くから、

「この壁が、いま、自分が直面している課題だ」

「この技法が、いま、自分が身につけるべき技法だ」

という直観が湧き上がってきたならば、その直観を大切にしてください。

それは、あなたの中の「賢明なもう一人の自分」からのメッセージです。

「7つの技法」での成長は、「始まり」にすぎない

そして、もし、あなたが、そのメッセージを感じたならば、今日から、その技法を、日々の仕事や生活において、実践してみてください。

必ず、何かが変わり始めます。

それは、まず、あなたの「**プロフェッショナルとしての成長**」という形で始まります。
そして、その成長は、必ず、「**人間としての成長**」へと結びついていきます。

その結果、あなたに、何が起こるか。

まず、仕事において素晴らしい実績を挙げていくでしょう。
そして、職場での周りからの評価も高まっていくでしょう。

さらに、職場における人間関係も、好転していくでしょう。

いや、それは、仕事においてだけではありません。

生活においても、様々なことが好転していくでしょう。

しかし、実は、それは、まだ「始まり」にすぎません。

なぜなら、それは、まだ、あなたの中に眠る「能力」や「才能」の、ごく一部が開花し始めたにすぎないからです。

もし、あなたが、**本書で述べた「7つの技法」を実践し、目の前の「成長の壁」を打ち破り、さらなる「成長の道」を歩み始めたならば、あなたの中から「想像を超えた能力と才能」が開花し始める**からです。

では、「想像を超えた能力と才能」とは、何か。

そのことを、本書の最後に、述べておきましょう。

わずか「2割」しか開花していない、人間の可能性

例えば、**大脳生理学の研究によれば、我々人間は、脳細胞のせいぜい2割程度しか使わずに人生を終えていく**と言われます。

また、**深層心理学の研究によれば、我々は、心の奥深くに宿る能力の、ごく一部しか開花させることなく、年老いていく**と言われます。

それが事実であるならば、もし、我々が、すべての脳細胞を活用するようになったならば、何が起こるのでしょうか。もし、我々が、心の奥深くに眠る能力を最大限に開花させたならば、何が起こるのでしょうか。

実は、それを教えてくれるのが、歴史上、様々な分野で現れ、去っていった「天才」と呼ばれる人々の姿ではないでしょうか。古くは、レオナルド・ダ・ヴィンチ、モーツァルト、空海……。現代では、トーマス・エジソンやスティーブ・ジョブズ。

我々は、これら「天才」の姿を見ると、その人並み外れた才能に驚嘆し、称賛しますが、一方、心の奥深くで、「自分は天才ではないから、あのような才能を発揮することは不可能だ」と思い込んでしまいます。

しかし、これら**「天才」と呼ばれる人々の姿は、そのまま、我々人間の中に眠る可能性を示している**のではないでしょうか。我々の誰もが持っている潜在的能力を顕在化させたとき、いかなる才能が開花するかを教えているのではないでしょうか。

では、なぜ、その可能性が開花しないのか。
なぜ、その潜在的能力が顕在化し、才能が開花しないのか。

その理由は、我々の意識にあります。
「**自分には不可能だ**」**という**「**自己限定**」**の強い思い込み**にあります。
それが、我々の能力を抑え込んでいるのです。

例えば、地面に30センチ幅の2本の線を引き、この道の上を真直ぐ歩くよう、誰かに言えば、健常者なら誰でも、その道を踏み外すことなく歩けます。人によっては、走ることさえできます。

しかし、もし、それが、断崖絶壁の上に架けてある30センチ幅の丸太橋であったならば、我々は、「落ちたら死ぬ」という恐怖心と、「こんな橋、絶対に渡れない」という自己限定によって心が支配され、足がすくみ、一歩も進めなくなります。

すなわち、我々は、本来、「30センチ幅の道を歩く」という能力を持っているにもかかわらず、「自己限定」が心を支配した瞬間に、その能力は無残なほど萎縮してしまい、その力を全く発揮できなくなるのです。

そして、こうした**深層意識の「自己限定」が、我々の能力を萎縮させ、その発揮を妨げる**のは、「**肉体的な能力**」だけではありません。「**精神的な能力**」も、全く同様です。

すなわち、我々は、心の奥深くの深層意識に、「自分の能力は、たかが知れている」「自分には、あまり才能は無い」という「自己限定」を抱いてしまっているため、本来、「想像を超えた能力や才能」を持っているにもかかわらず、そのごく一部しか発揮できないでいるのです。

表面意識で、どれほど、「全力を尽くそう」「精一杯にやろう」といったことを考えても、深層意識の「自己限定」によって、本来の素晴らしい能力や才能が抑え込まれてしまっているのです。

優秀な人ほど、「自己限定」の意識を抱えている

実は、本書のテーマである「なぜ、優秀な人ほど成長が止まるのか」という問いに対する最も深い答えは、この「自己限定」にあります。

意外に思われるかもしれませんが、**実は、「優秀な人」ほど、心の奥深くに、「自己限定」の意識を抱えています。**

例えば、「学歴的優秀さ」を持ちながら、「職業的優秀さ」への切り替えができない人は、実は、心の奥深くに、「自分は、学歴的能力はあるが、職業的能力は劣っているのではないか」という意識を抱えています。

また、一つの分野での「実績」に無意識に安住してしまい、より高い目標への挑戦を行わない人は、実は、心の奥深くに、「これ以上挑戦しても、うまくいかないだろう」という自己限定の意識を抱えています。

さらに、転属や転勤、転職や退職によって「新たな立場」に移ったとき、その立場に合わせて、「新たな自分」へと脱皮していけない人は、やはり、心の奥深くに、「自分は、こうした自分だから、これ以上、変われない」という自己限定の意識を抱えています。

「優秀な人」の成長が止まってしまう、もう一つの深い理由は、この「自己限定」にあるのです。

そして、もとより、こうした「無意識の自己限定」は、誰の心の奥深くにも、あります。

それゆえ、**我々誰もが、心の奥深くに抱えている、この「無意識の自己限定」に気がつき、その抑圧から解き放たれたならば、我々の中から、「想像を超えた能力と才能」が開花していく**のです。

なぜ、スティーブ・ジョブズは、あれほどの天才性を発揮したのか

では、どうすれば、我々は、その「無意識の自己限定」から解き放たれるのか。

このテーマは、我々の「能力開発」や「才能開花」という意味において、深く大切なテーマではありますが、それを語ることは、今回の本書の目的ではありません。

ただ、このテーマに興味のある読者のために、「無意識の自己限定」を超えていくための一つの方法について、触れておきたいと思います。

最初に理解しておくべきことは、「自己限定」とは、第6話で述べた「エゴ」の動きと

結びついているため、どれほど表面意識で「自己限定の心を抱かないようにしよう」と考えても、その「自己限定」は、我々の深層意識に忍び込んできます。

では、どうするか。

どうすれば、その「自己限定」の意識を超えられるのか。

一つの方法を述べておきましょう。

「死生観」を定めることです。

こう述べると驚かれるかもしれませんが、実は、それが一つの有効な方法です。

では、「死生観を定める」とは、どのようなことか。

そのことを最も分かりやすく教えてくれたのが、スティーブ・ジョブズです。

彼は、スタンフォード大学での伝説的スピーチで、次の言葉を述べています。

「もし、今日が、人生最後の日であるならば、この仕事をやりたいと思うか」と、自分に問いながら、生きてきました。

このジョブズの言葉のように、もし、我々が、**与えられた一日一日を、「今日が人生最後の一日」と思い定め、大切に生きる**ならば、それが、まさに「**死生観を定めた生き方**」に他なりません。

もとより、それは、言葉で語ることは易しく、実践することは極めて難しい「究極の技法」でもありますが、もし、我々が、本当に、この技法を実践することができたならば、「無意識の自己限定」を超え、我々の能力と才能に、想像を超えたことが起こります。

その実例は、言うまでもなく、スティーブ・ジョブズ自身です。

多くの人々が、彼を「天才」と呼びますが、実は、彼の溢れるほどの「才能開花」と、彼のこの「死生観」は、決して無関係ではありません。深く結びついています。

なぜなら、もし、**我々が、明日、人生が終わることを覚悟して一日を生きるならば、「人生の時間の密度」と「精神のエネルギーの密度」は、圧倒的に高まる**からです。

そして、**我々の「能力」や「才能」が、どれほど開花するかは、この「精神のエネルギー密度」と、深く結びついているから**です。

そのことは、分野を問わず、職業を問わず、才能を開花させた一流のプロフェッショナルが、例外なく、「精神のエネルギー密度」が高いことに象徴されています。

本書の紙数も限られているため、「**死生観と才能開花**」についての、これ以上の詳しい説明は控えさせて頂きますが、いずれにしても、我々が、心の奥深くに抱えている「無意識の自己限定」に気がつき、深い「死生観」によって「精神のエネルギー」を解き放ったならば、必ず、我々の中から「想像を超えた能力と才能」が開花していくでしょう。

「人生を拓く」とは、可能性を十全に開花させること

そして、それが、私が本書において何度も語った、「**人生を拓く」という言葉の、本当の意味**です。

すなわち、それは、「人生で成功者になる」といった素朴な意味ではなく、

与えられた人生において、自分の中に眠る可能性を、十全に開花させて生きていく

という意味に他なりません。

そして、その「**人生を拓く**」**ための、最初の基本的な技法が、本書で述べた「7つの技法**」です。

もし、あなたが、この「7つの技法」の、さらに奥にある「より高度な技法」に興味があるならば、そして、先ほど述べた「死生観と才能開花」について興味があるならば、本書の最後に載せてある「さらなる成長をめざす読者のために」という読書ガイドを参考にしてください。

しかし、やはり、大切なことは、まずは、この「7つの技法」を実践されることです。

この「7つの技法」のいずれかを実践されるならば、必ず、その次に取り組むべき課題と、実践されるべき技法が、見えてくるかと思います。次に歩むべき「成長の道」が見えてくるかと思います。

だから、あなたには、その「成長の道」を通じて、人生を拓いて頂きたい。

そのことが、本書を通じて、私が、最も深く願っていることです。

私は、教授として担当する大学院の講義において、毎学期の最初に、社会人でもある学生の皆さんに、語りかける言葉があります。

皆さんは、学位を得るために、この場に、学びに来られたのではないですね。
皆さんは、人生を拓くために、この場に、学びに来られたのですね。

その同じ言葉を、この本の最後に、あなたにも、贈りたいと思います。

あなたは、技法を学ぶために、この本を読まれたのではないですね。
あなたは、人生を拓くために、この本を読まれたのですね。
されば、誰にとっても、かけがえの無い、一度かぎりの人生。
あなたが、人生を拓き、素晴らしい道を歩まれることを、心より、祈っています。
この本を通じて、ご縁を得たことに感謝しつつ。

さらなる成長をめざす読者のために ―― 自著を通じての読書ガイド

『東大生となった君へ』（光文社新書）

第1話で述べた「**学歴の壁**」と「**棚卸しの技法**」について、詳しく語った著書です。人工知能革命によって、人間の持つ「基礎的能力」「学歴的能力」「職業的能力」「対人的能力」「組織的能力」という5つの能力のうち、最初の2つの能力は、人工知能に大きく代替されていきます。その結果、我々には、後の3つの能力を、さらに高度な能力へと磨いていくことが求められますが、その磨き方について具体的な技法を語りました。

『仕事の技法』（講談社現代新書）

第2話で述べた「**経験の壁**」と「**反省の技法**」、そして、第3話で述べた「**感情の壁**」と「**心理推察の技法**」について、詳しく語った著書です。

特に「反省対話」の具体的な実践方法については、実際に職場や仕事で経験する、様々なシーンでの対話を紹介しながら説明しています。また、「反省日記」の書き方についても、その要点と具体的な技法を述べています。

『人は、誰もが「多重人格」』（光文社新書）

第4話で述べた「**我流の壁**」と「**私淑の技法**」、そして、第5話で述べた「**人格の壁**」と「**多重人格の技法**」について、詳しく語った著書です。

本書では、我々が無意識に、自分の中の「隠れた人格」を抑圧し、「才能の開花」を妨げてしまう心理的プロセスを解き明かし、自分の中に眠る「様々な人格」を育て、「隠れた才能」を開花させていく技法について語っています。

『人間を磨く』（光文社新書）

第6話で述べた、我々の成長を止める「**エゴの壁**」と、その壁を乗り越えるための「**自己観察の技法**」について、詳しく語った著書です。

本書では、人生や仕事における人間関係を好転させるための「こころの技法」を、「7つの技法」として語っています。また、その中で、「人を好きになる」という技法についても語っています。

『人生で起こること　すべて良きこと』（PHP研究所）
『逆境を越える「こころの技法」』（同書のPHP文庫版）

第7話で述べた「**他責の壁**」と「**引き受けの技法**」について、詳しく語った著書です。

人生において「逆境」に直面したとき、「人生で起こること、すべてに深い意味がある」「人生で出会う人、すべてに深い縁がある」と思い定めるならば、我々は、その体験を糧として、必ず、成長していけます。

さらに、もし、「人生で起こること、すべて良きこと」との覚悟を定めることができるならば、我々は、どのような「逆境」においても、必ず、道を拓いていけます。

本書は、私が、若き日に、大病による「生死の体験」を通じて摑んだ「こころの技法」を語ったものでもあります。

『すべては導かれている』（小学館）

第7話で述べた「**引き受けの技法**」を、さらに深い次元で語った著書です。

特に、第7話の最後に述べた「シンクロニシティ」の感覚を身につけることによって、出来事の「意味」を感じ取り、人生を拓いていく「こころの技法」について述べました。

また、終話で述べた、なぜ、深い「死生観」を定めると、想像を超えた「才能開花」が起こるかについても語っています。

『仕事の思想』（PHP文庫）

日本には「仕事を通じて己を磨く」という言葉がありますが、日々の仕事を通じて、職業人として、人間として成長していくためには、その根底に、確固とした「仕事の思想」がなければなりません。

本書では、その「仕事の思想」を、「思想」「成長」「目標」「顧客」「共感」「格闘」「地位」「友人」「仲間」「未来」という10のキーワードを掲げて語りました。

出版以来、18年を超え、若い世代の人々に読み継がれている著書でもあります。

謝辞

最初に、ダイヤモンド社の編集者、藤田悠さんに、感謝します。
藤田さんとは、初めての作品ですが、
小生にとっては、新しい著書のスタイルへの試みともなりました。

また、仕事のパートナー、藤沢久美さんに、感謝します。

全国から多くの塾生が集まり、二一世紀の変革リーダーをめざし、
「変革の七つの知性」と「成長の七つの技法」を学ぶ場、「田坂塾」。
いつも、この場を支えて頂くこと、有り難く思います。

そして、様々な形で執筆を支えてくれる家族、
須美子、誓野、友に、感謝します。
こうして一冊の著書を上梓するとき、感謝の思いが深まります。

今年の夏、全国各地を襲った猛暑は、

この富士河口湖の地にも、平年を超える暑さをもたらしました。
それでも、九月を迎えると、窓の外の原生林から吹いてくる風は、
もう、秋の気配を運んできます。
森の彼方に聳え立つ富士は、夜になると、登山者の灯りが連なり、
一条の光が、頂上へと向かっていきます。
この夏の風物詩も、まもなく終わる季節となりました。

最後に、すでに他界した父母に、本書を捧げます。
人生で与えられた様々な逆境を、すべて糧として、
生涯をかけ、成長の道を歩まれたお二人。
その後姿で伝えて頂いた教えが、一人の未熟な人間に、
六七の歳を超えたいまも、成長の道を歩ませています。
この人生を与えて頂いたことへの感謝は、尽きません。

二〇一八年九月三日

田坂広志

著者情報

田坂塾への入塾

思想、ビジョン、志、戦略、戦術、技術、人間力という「7つの知性」を垂直統合した「21世紀の変革リーダー」への成長をめざし、「成長の7つの技法」を学ぶ場、「田坂塾」。

入塾を希望される方は下記のサイト、もしくは、メールアドレスへ

http://hiroshitasaka.jp/tasakajuku/ (「田坂塾」で検索も可)
tasakajuku@hiroshitasaka.jp

「風の便り」の配信

著者の定期メール「風の便り」の配信を希望される方は、下記のサイトへ
「未来からの風フォーラム」
http://www.hiroshitasaka.jp (「未来からの風」で検索も可)

ご意見・ご感想の送付

著者へのご意見やご感想は下記の個人アドレスへ

tasaka@hiroshitasaka.jp

講演の視聴

著者の講演を視聴されたい方は、下記のサイトへ
「田坂広志　公式チャンネル」
https://www.youtube.com/user/hiroshitasaka/
(「田坂広志　You Tube」で検索も可)

著者略歴

田坂広志
（たさか ひろし）

多摩大学大学院 教授。田坂塾 塾長。
1951年生まれ。
1974年　東京大学工学部卒業。
1981年　東京大学大学院修了。工学博士（原子力工学）。
同年　民間企業入社。
1987年　米国シンクタンク、バテル記念研究所客員研究員。
1990年　日本総合研究所の設立に参画。10年間に延べ702社とともに、20の異業種コンソーシアムを設立。ベンチャー企業育成と新事業開発を通じて、民間主導による新産業創造に取り組む。
取締役・創発戦略センター所長等を歴任。現在、同研究所フェロー。
2000年　多摩大学大学院教授に就任。社会起業家論を開講。
同年　21世紀の知のパラダイム転換をめざすシンクタンク・ソフィアバンクを設立。代表に就任。
2005年　米国ジャパン・ソサエティより、日米イノベーターに選ばれる。
2008年　ダボス会議を主催する世界経済フォーラムのGlobal Agenda Councilのメンバーに就任。
2009年　この年より、TEDメンバーとして、毎年、TED会議に出席。
2010年　ダライ・ラマ法王、デスモンド・ツツ大司教、ムハマド・ユヌス博士、ミハイル・ゴルバチェフ元大統領ら、4人のノーベル平和賞受賞者が名誉会員を務める世界賢人会議・ブダペストクラブの日本代表に就任。
2011年　東日本大震災と福島原発事故に伴い、内閣官房参与に就任。
2013年　思想、ビジョン、志、戦略、戦術、技術、人間力という「7つの知性」を垂直統合した「21世紀の変革リーダー」への成長をめざし、「成長の7つの技法」を学ぶ場、「田坂塾」を開塾。現在、全国から4500名を超える経営者やリーダーが集まっている。
著書は、国内外で80冊余り。
海外でも旺盛な出版と講演の活動を行っている。

なぜ、優秀な人ほど成長が止まるのか――何歳からでも人生を拓く７つの技法

2018年10月17日　第１刷発行

著　者――田坂広志
発行所――ダイヤモンド社
〒150-8409　東京都渋谷区神宮前6-12-17
http://www.diamond.co.jp/
電話／03･5778･7234（編集）　03･5778･7240（販売）
装丁――――重原 隆
製作進行――ダイヤモンド・グラフィック社
印刷――――堀内印刷所（本文）・慶昌堂印刷（カバー）
製本――――加藤製本
編集担当――藤田 悠（y-fujita@diamond.co.jp）

ISBN 978-4-478-10685-3